BİR TAVADA MAKARNA YAPMA SANATINA HAKİM OLUYORUZ

100 Enfes Makarna Yemeği, Tek Tavada, Sorunsuz

MURAT YÜKSEL

Telif Hakkı Malzemesi ©2023

Her hakkı saklıdır

Bu kitabın hiçbir bölümü, incelemede kullanılan kısa alıntılar dışında, yayıncının ve telif hakkı sahibinin uygun yazılı izni olmadan, hiçbir şekilde veya yöntemle kullanılamaz veya aktarılamaz. Bu kitap tıbbi, hukuki veya diğer profesyonel tavsiyelerin yerine geçmemelidir.

İÇİNDEKİLER

İÇİNDEKİLER 3
GİRİŞ 7
FUSILI MAKARNA 8
   1. Baharatlı Sebzeli Makarna Fırında 9
   2. Armut Salatalı Sarımsak-Mantarlı Düdük 11
   3. Izgara Sebzeli Düdük Makarna Salatası 13
   4. Soslu Kaşarlı Düdük Salatası 15
   5. Crimini Makarna Fırında 17
   6. Güneşte Kurutulmuş Domatesli Düdük 19
   7. Tek Tavada Kıyma ve Makarna 21
   8. Tek Kapta Tavuk Düdük 23
   9. Tek Kapta Tavuk ve Sebzeli Düdük 25
PENNE MAKARNA 27
   10. Limonlu Tavuklu Penne Makarna 28
   11. Üç Peynirli Köfte Mostaccioli 30
   12. Füme Somonlu Makarna 32
   13. Penne alla votka 34
   14. Cevizli Tavuklu Makarna 36
   15. Penne Dana Fırında 38
   16. Peynirli Tavuklu Kremalı Makarna 40
   17. Hindi köfteli fırında penne 42
   18. Klasik Penne Makarna 44
ROTINI MAKARNA 46
   19. Karidesli ve Çeri Domatesli Makarna Salatası 47
   20. Taze Limonlu Makarna 50
   21. Peynirli Biberli Rotini Salatası 52
   22. Tek Tencerede Kremalı Domatesli Rotini Makarna ... 54
   23. Tek Tencerede Soslu Dana Rotini 56
   24. Tek Tencerede Tavuk ve Brokoli Rotini 58
   25. Domates Krema Soslu Tek Tava Rotini 60
   26. Parmesanlı Rotini Tava 62
   27. Tek Tavada Tavuk Rotini 64
JUMBO KABUKLARI 66
   28. İtalyan Sosis Doldurulmuş Kabuklar 67
   29. Ispanak ve üç peynirli kabuk dolması 70

30. Çöken Ispanak Doldurulmuş Kabuklar 72
31. Sarımsak Dolgulu Jumbo Makarna Kabukları 74
32. Ocak Doldurulmuş Makarna Kabukları 77
33. Vejetaryen Tava Doldurulmuş Kabuklar 79
34. Taco Doldurulmuş Makarna Kabukları 82
35. Yaz Doldurulmuş Kabuklar 84

LINGUINE MAKARNA 87
36. Romano Linguine Makarna Salatası 88
37. Nohutlu Limonlu Ricotta Makarna 90
38. Karides Carbonara 93
39. Linguine ve İstiridye Sosu 96

MELEK SAÇ MAKARNA 98
40. Tek Tavada Makarna 99
41. Melek Saçlı Karides Fırında 101
42. Karides Scampi Tava 103

GNOCCHI 105
43. Tek Tavada Kremalı Tavuk ve Gnocchi 106
44. Bitki pestolu gnocchi 108
45. Adaçayı ve Mascarpone Gnocchi 110

FETTUÇİNİ 113
46. Klasik Alfredo 114
47. Crimini Makarna Fırını 116
48. Tek Tencerede Sarımsaklı Parmesanlı Makarna 118
49. Tek Kapta Tavuk Pastırmalı Fettuccine Alfredo 120
50. Mantarlı Fettuccine 122

RIGATONI MAKARNA 124
51. Romano Rigatoni Güveç 125
52. Vegan Rigatoni Fesleğen 127

DİRSEK MAKARNA 129
53. BLT Makarna Salatası 130
54. Ispanaklı ve enginarlı makarna ve peynir 132
55. Chili Mac Güveç 134

ZİTİ MAKARNA 136
56. Fırında Ziti 137
57. Provolon Ziti Fırında 139
58. Dana Ziti Güveç 141
59. Fırında Ziti 143

60. Ziti Sosis Fırında 145
SPAGETTİ MAKARNA **147**
61. Makarnalı Pesto Karides 148
62. Ton Balıklı Makarna 150
63. Güneşli Sıcak Spagetti 152
64. Spagetti Bolonez Tavada Fırında 154
65. Spagettili Körfez Tarağı 156
66. Güneşli Sıcak Spagetti 158
67. Tavuk Tetrazzini 160
68. Fırında rigatoni ve köfte 162
69. Hızlı Spagetti Tavası 164
70. Kolay Spagetti 166
71. Karides Lo Mein 168
72. Tavuk Tetrazzini 170
73. Makarna Sosis Tavası 172
74. Tavada Tavuklu Makarna 174
75. Makarna alla Norma Tavada Fırında 177
76. Ziti ve Sosisli Spagetti 180
BUCATINI MAKARNA **182**
77. Pırasa ve Limonlu Tek Tava Bucatini 183
78. Domatesli Burrata Makarna 185
79. Brüksel lahanalı limonlu fesleğenli makarna 187
80. Tek kapta kremalı mısır bucatini 189
ORZO **191**
81. Parmesanlı Orzo 192
82. Naneli Beyaz Peynir ve Orzo Salatası 194
83. Tek Kap Domatesli Orzo 196
84. Tavuk Orzo Tava 198
85. Orzo ve Portobello Güveç 200
86. Ispanaklı ve Beyaz Peynirli Tek Tava Orzo 202
FARFALLE/PAPYON **204**
87. Makarna Rustica 205
88. Crème Fraiche Tavuklu Makarna 207
89. Tavuk İhaleleri ve Farfalle Salatası 209
90. Deniz Mahsulleri Makarna Salatası 211
91. Balkabagi ve Pazılı Makarna Fırında 213
LAZANYA **215**

92. İspanyol Lazanyası 216
93. Fontinalı balkabağı ve adaçayı lazanyası 218
94. Yüklü Makarna Kabuklu Lazanya 221
95. Tavuklu Lazanya 223
96. Güneybatı Lazanya 225
97. Klasik Lazanya 227
98. Soslu Lazanya 229
99. Ratatouille lazanya 231
100. Biberli Lazanya 234
101. Yavaş Pişirilmiş Lazanya 236
SONUÇ **238**

GİRİİŞ

Yemek pişirme deneyiminizi dönüştürecek, daha basit, daha rahat ve sorunsuz hale getirecek bir mutfak yolculuğu olan "Tek Tava Makarna Sanatında Ustalaşmak"a hoş geldiniz. Tek tavada makarna yemekleri, yemek pişirme dünyasında sevilen bir trend haline geldi ve bu yemek kitabında sizi tek tavayla enfes makarna yemekleri yaratma sanatında ustalaşmaya davet ediyoruz.

Tek tavada makarna pişirme yolculuğumuz sizi sadeliğin zarafetiyle tanıştıracak. İster deneyimli bir ev şefi olun ister mutfağa yeni başlayın, bu kitap minimum temizlik ve maksimum lezzet ile 100 leziz makarna yemeği hazırlama rehberinizdir. Tek tavada makarna pişirmeyi mutfakta devrim haline getiren teknikleri, malzemeleri ve yöntemleri keşfedeceğiz.

Bu sorunsuz maceraya atılırken, tek tavada makarna konusunda ustalaşmanın sırlarını açığa çıkarmaya hazırlanın. Klasik İtalyan yemeklerinden yenilikçi ve yaratıcı tariflere kadar, ağız sulandıran makarna yemeklerinin tadını çıkarırken kolaylıkla yemek pişirmenin keyfini keşfedeceksiniz. "Tek Tava Makarna Sanatında Ustalaşmak" konusuna dalalım ve her seferinde bir tava kullanarak mutfak deneyiminizi basitleştirelim.

FUSİLİ MAKARNA

1. Baharatlı Sebzeli Makarna Fırında

6 porsiyon

İÇİNDEKİLER:

- 3 su bardağı pişmemiş, fusili benzeri spiral makarna
- 1 orta boy sarı yaz kabağı
- 1 küçük kabak
- 1 orta boy tatlı kırmızı biber
- 1 orta boy yeşil biber
- 1 yemek kaşığı zeytinyağı
- 1 küçük kırmızı soğan, yarıya bölünmüş ve dilimlenmiş
- 1 su bardağı dilimlenmiş taze mantar
- 1/2 çay kaşığı tuz
- 1/4 çay kaşığı biber
- 1/4 çay kaşığı ezilmiş kırmızı biber gevreği
- 1 kavanoz (24 ons) baharatlı marinara sosu
- 8 ons taze mozzarella peyniri incileri
- İsteğe göre rendelenmiş Parmesan peyniri ve jülyen doğranmış taze fesleğen

TALİMATLAR:

a) Fırını 375°'ye önceden ısıtın. Al dente için makarnayı paketin üzerindeki talimatlara göre pişirin; boşaltmak.

b) Kabakları ve biberleri 1/4-inç'e kesin. jülyen şeritleri. 12 inçlik. dökme demir veya diğer fırına dayanıklı tavada, yağı orta-yüksek ateşte ısıtın. Soğanı, mantarları ve jülyen doğranmış sebzeleri ekleyin; 5-7 dakika kadar, gevrekleşene kadar pişirin ve karıştırın.

c) Baharatları karıştırın. Marinara sosunu ve makarnayı ekleyin; birleştirmek için fırlatın. Üstüne peynir incileri serpin.

ç) Fırına aktarın; Peynir eriyene kadar kapağı açık olarak 10-15 dakika pişirin. İstenirse servis yapmadan önce üzerine Parmesan peyniri ve fesleğen serpebilirsiniz.

2.Armut Salatalı Sarımsaklı Mantarlı Düdük

Yapar: 2

İÇİNDEKİLER:

- 1 kahverengi soğan
- 2 diş sarımsak
- 1 paket dilimlenmiş mantar
- 1 poşet sarımsak ve ot baharatı
- 1 paket light pişirme kreması (Süt İçerir)
- 1 poşet tavuk usulü et suyu tozu
- 1 paket düdük (Gluten İçerir; Bulunabilir: Yumurta, Soya)
- 1 armut
- 1 torba karışık salata yaprağı
- 1 paket Parmesan peyniri (Süt İçerir)
- Zeytin yağı
- 1,75 su bardağı kaynar su
- Biraz sirke (balzamik veya beyaz şarap)

TALİMATLAR:

a) Çaydanlığı kaynatın. Kahverengi soğanı ve sarımsağı ince ince doğrayın. Büyük bir tencereyi orta-yüksek ateşte bol miktarda zeytinyağı ile ısıtın. Dilimlenmiş mantarları ve soğanı ara sıra karıştırarak yumuşayana kadar pişirin, bu yaklaşık 6-8 dakika sürer. Sarımsak, sarımsak ve bitki baharatlarını ekleyin ve kokusu çıkana kadar yaklaşık 1 dakika pişirin.

b) Hafif pişirme kremasını, kaynar suyu (2 kişi için 1 3/4 bardak), tavuk usulü et suyunu ve düdük ekleyin. Birleştirmek için karıştırın ve kaynatın. Isıyı orta dereceye düşürün, kapağını kapatın ve makarna 'al dente' olana kadar ara sıra karıştırarak pişirin, bu da yaklaşık 11 dakika sürer. Rendelenmiş Parmesan peynirini karıştırın ve tuz ve karabiberle tatlandırın.

c) Makarna pişerken armudu ince ince dilimleyin. Orta boy bir kaseye bir miktar sirke ve zeytinyağı ekleyin. Sosu karışık salata yaprakları ve armutla doldurun. Baharatlayın ve birleştirmek için fırlatın.

ç) Tek kaptaki kremalı mantarlı düdüğü kaselere paylaştırın. Armut salatası ile servis yapın. Lezzetli yemeğinizin tadını çıkarın!

3.Izgara Sebzeli Düdük Makarna Salatası

Yapar: 8-10

İÇİNDEKİLER:

MAKARNA SALATASI
- 1 kiloluk düdük
- 2 su bardağı doğranmış ızgara kırmızı ve sarı biber
- 2 su bardağı yarıya bölünmüş kiraz domates
- 2 su bardağı doğranmış ızgara soğan
- 2 bardak kırmızı şarap sosu

KIRMIZI ŞARAP VINAIGRETTE
- 1 su bardağı sızma zeytinyağı
- ⅓ kırmızı şarap sirkesi
- 2 yemek kaşığı su
- 4 diş sarımsak, ince rendelenmiş
- 2 çay kaşığı Dijon hardalı
- 2 çay kaşığı kurutulmuş kekik
- 2 çay kaşığı granül soğan
- 1 tutam ezilmiş pul biber
- 2 çay kaşığı koşer tuzu
- 1 çay kaşığı taze çekilmiş karabiber
- 2 yemek kaşığı bal

TALİMATLAR

KIRMIZI ŞARAP SIRASI:
a) Tüm malzemeleri sıkı oturan bir kapakla bir kapta birleştirin.
b) İyice çalkalayın ve ihtiyaç duyulana kadar buzdolabında saklayın.

MAKARNA SALATASI
c) Makarnayı paketin üzerindeki tarife göre hazırlayın.
ç) Pişirdikten sonra düdükleri süzün ve pişirme işlemini durdurmak için soğuk suda soğutun.
d) Makarnayı büyük bir kaseye aktarın ve kalan malzemeleri karıştırın.
e) İyice karıştırın, ardından bir gece bekletin.

4.Soslu Kaşarlı Düdük Salatası

Yapar: 10

İÇİNDEKİLER:

- 2 yemek kaşığı zeytinyağı
- 6 yeşil soğan, doğranmış
- 1 çay kaşığı tuz
- 3/4 C. doğranmış jalapeno biber turşusu
- 1 (16 oz.) paket düdük makarna
- 1 (2,25 oz.) siyah zeytin dilimleyebilir
- 2 lb. ekstra yağsız kıyma
- (isteğe bağlı)
- 1 (1,25 oz.) paket taco baharat karışımı
- 1 (8 oz.) paket rendelenmiş Kaşar
- 1 (24 oz.) kavanoz hafif salsa
- peynir
- 1 (8 oz.) şişe çiftlik sosu
- 1 1/2 kırmızı biber, doğranmış

TALİMATLAR:

a) Büyük bir tencereyi orta ateşte yerleştirin. Suyla doldurun ve zeytinyağını tuzla karıştırın.

b) Kaynamaya başlayıncaya kadar pişirin.

c) Makarnayı ekleyip 10 dakika haşlayın. Sudan çıkarıp süzülmesi için bir kenara koyun.

ç) Büyük bir tavayı orta ateşte yerleştirin. Sığır etini 12 dakika boyunca kızartın. Fazla gresi atın.

d) Taco baharatını ekleyip iyice karıştırın. Isıyı tamamen kaybedecek şekilde karışımı bir kenara koyun.

e) Büyük bir karıştırma kabı alın: Salsayı, köy sosunu, dolmalık biberi, yeşil soğanı, jalapenoları ve siyah zeytinleri karıştırın.

f) Pişmiş dana eti, çedar peyniri ve sos karışımıyla makarnayı ekleyin. Bunları iyice karıştırın. Salata kasesinin üzerine bir parça plastik ambalaj yerleştirin. 1 saat 15 dakika kadar buzdolabında bekletin.

5.Crimini Makarna Fırında

Yapım: 6

İÇİNDEKİLER:
- 8 saat crimini mantarları
- 1/3 bardak parmesan peyniri, rendelenmiş
- 1 bardak brokoli çiçeği
- 3 yemek kaşığı provence otları
- 1 bardak ıspanak, taze yaprak, sıkıca paketlenmiş
- 2 yemek kaşığı sızma zeytinyağı
- 2 adet jülyen doğranmış kırmızı biber
- 1 yemek kaşığı tuz
- 1 büyük soğan, doğranmış
- 1/2 yemek kaşığı biber
- 1 su bardağı mozzarella peyniri, rendelenmiş
- 1 su bardağı domates sosu
- 2/3 lb makarna

TALİMATLAR:

a) Herhangi bir şey yapmadan önce fırını 450 F'ye ayarlayın. Güveç kabını yağ veya pişirme spreyi ile yağlayın.

b) Büyük bir karıştırma kabı alın: Mantarları, brokoliyi, ıspanağı, biberi ve soğanı içine atın.

c) 1 yemek kaşığı zeytinyağını, tuzu, karabiberi ekleyip tekrar fırlatın.

ç) Yağlanmış kalıba sebzeleri yayıp fırında 10 dakika pişirin.

d) Makarnayı dente haline gelinceye kadar pişirin. Makarnayı süzün ve bir kenara koyun.

e) Büyük bir karıştırma kabı alın: 1 yemek kaşığı zeytinyağını pişmiş sebzeler, makarna, otlar ve mozzarella peyniri ile karıştırın. Karışımı tekrar güveç kabına yayın.

f) Üzerine peyniri serpip 20 dakika kadar pişirin . Sıcak olarak servis yapın ve afiyetle yiyin.

6.Güneşte Kurutulmuş Domatesli Düdük

Yapım: 6

İÇİNDEKİLER:
- 8 ons Sebze Aromalı Düdük veya Rotelle
- 1 yemek kaşığı Sızma Zeytinyağı
- 1/2 çay kaşığı Acı Biber Gevreği
- 2 büyük diş sarımsak, kıyılmış
- 2 Yeşil Soğan, doğranmış
- 2 yemek kaşığı Güneşte Kurutulmuş Domates, doğranmış
- 1 yemek kaşığı kıyılmış zencefil
- 1 yemek kaşığı rendelenmiş portakal kabuğu rendesi
- 1 yemek kaşığı Domates Salçası
- 1/2 bardak Konserve İtalyan Erik Domates, süzülmüş ve doğranmış
- 1/4 bardak Tavuk Suyu
- Tatmak için biber ve tuz
- 2 yemek kaşığı kıyılmış Frenk soğanı
- 1 çay kaşığı Susam Yağı

TALİMATLAR:
a) Büyük bir tencerede suyu kaynatmaya başlayın. Makarnayı al dente dokuya ulaşıncaya kadar, genellikle 8 ila 10 dakika pişirin. Daha sonra makarnayı bir kevgir içinde süzün ve bir kenara koyun.

b) Büyük yapışmaz bir tavada sızma zeytinyağını ısıtın. Acı pul biberi, kıyılmış sarımsağı, doğranmış yeşil soğanı, güneşte kurutulmuş domatesi, zencefil kökünü ve rendelenmiş portakal kabuğu rendesini ekleyin. Bu karışımı yaklaşık bir dakika karıştırarak kızartın.

c) Haşlanmış makarnayı tavaya ekleyin ve bir dakika daha karıştırarak pişirin.

ç) Domates salçasını, doğranmış erik domatesi, tavuk suyunu, tuzu ve karabiberi ekleyin. Tüm malzemeleri iyice karıştırın ve her şey iyice ısınana kadar pişirin.

d) Bitirmek için yemeği doğranmış frenk soğanı ile süsleyin ve üzerine susam yağı gezdirin.

e) Güneşte Kurutulmuş Domates ile leziz Düdük'ün tadını çıkarın!

7.Tek Tavada Kıyma ve Makarna

Yapım: 4

İÇİNDEKİLER:
- 1 yemek kaşığı sızma zeytinyağı
- 1 pound %90 yağsız kıyma
- 8 ons mantar, ince doğranmış veya darbeli
- 1/2 bardak doğranmış soğan
- 1 15 onsluk kutu tuzsuz domates sosu
- 1 bardak su
- 1 yemek kaşığı Worcestershire sosu
- 1 çay kaşığı İtalyan baharatı
- 3/4 çay kaşığı tuz
- 1/2 çay kaşığı sarımsak tozu
- 8 ons tam buğdaylı rotini veya düdük
- 1/2 bardak rendelenmiş ekstra keskin kaşar peyniri
- Garnitür için 1/4 bardak doğranmış taze fesleğen

TALİMATLAR:

a) Sızma zeytinyağını büyük bir tavada orta ateşte ısıtarak başlayın. Kıymayı, doğranmış mantarları ve doğranmış soğanı ekleyin. Sığır eti artık pembe olmayıncaya ve mantar sıvısı çoğunlukla buharlaşana kadar pişirin ve karıştırın; bu yaklaşık 8 ila 10 dakika sürer.

b) Domates sosunu, suyu, Worcestershire sosunu, İtalyan baharatını, tuzu ve sarımsak tozunu karıştırın.

c) Makarnayı tavaya ekleyin ve kaynatın.

ç) Tavayı kapatın, ısıyı azaltın ve makarna yumuşayana ve sıvının çoğu emilene kadar ara sıra karıştırarak pişirin. Bu genellikle yaklaşık 16 ila 18 dakika sürer.

d) Makarnaya rendelenmiş Çedar peyniri serpin, tavanın kapağını kapatın ve peynir eriyene kadar pişirmeye devam edin, bu genellikle 2 ila 3 dakika sürer.

e) İstenirse servis yapmadan önce yemeği doğranmış taze fesleğenle süsleyin.

f) Tek tavada kıyma ve makarna yemeğinizin tadını çıkarın! Eşsiz bir lezzet dokunuşu için mozzarella, provolone veya Asiago gibi farklı peynir çeşitlerini denemekten çekinmeyin.

8.Tek Kapta Tavuk Düdük

Yapım: 4

İÇİNDEKİLER:
- 2 yemek kaşığı zeytinyağı
- 1 pound kemiksiz, derisiz tavuk göğsü, küp şeklinde
- 3 diş sarımsak, kıyılmış
- 1/2 çay kaşığı İtalyan baharatı
- 1 karton tavuk suyu
- 2 orta boy domates, doğranmış
- 12 ons pişmemiş düdük makarna
- 1 orta boy kırmızı biber, doğranmış
- 2 yemek kaşığı rendelenmiş parmesan peyniri

TALİMATLAR:
a) Büyük bir tencerede zeytinyağını orta-yüksek ateşte ısıtın. Küp doğranmış tavuğu ekleyin ve ara sıra karıştırarak 5 dakika, rengi kahverengi oluncaya kadar pişirin. Kıyılmış sarımsağı ve İtalyan baharatını karıştırın; 30 saniye pişirin ve karıştırın.

b) Tavuk suyunu ve doğranmış domatesleri karıştırın; iyice karıştırın. Düdük makarnayı ekleyip kaynatın. Isıyı orta dereceye düşürün ve 8 dakika boyunca ara sıra karıştırarak, kapağı açık olarak yavaşça kaynamaya bırakın.

c) Küp küp doğradığınız kırmızı biberleri karıştırın. Yaklaşık 4 dakika veya makarna ve biberler yumuşayana ve tavuk tamamen pişene kadar pişirin. Rendelenmiş peyniri karıştırın.

9.Tek Kapta Tavuk ve Sebzeli Düdük

Yapar: 2

İÇİNDEKİLER:

- 1 sap kereviz
- 1 havuç
- 1 paket doğranmış tavuk
- 1 paket düdük
- 1 poşet tavuk usulü et suyu tozu
- 1/2 paket krema
- 1 poşet bebek ıspanak yaprağı
- 1 torba maydanoz
- 1 tutam pul biber (kullanılıyorsa)
- 1 poşet Aussie baharat karışımı
- Zeytin yağı
- 2 bardak kaynar su

TALİMATLAR:

a) Çaydanlığı kaynatmakla başlayın. Kerevizi ince ince doğrayın ve havucu rendeleyin. Bu, yetişkin gözetiminde daha büyük çocukların havuç rendelemesine yardımcı olabileceği bir adımdır.

b) Büyük bir tencerede, yüksek ateşte bir çiseleyen zeytinyağını ısıtın. Yağ ısınınca, doğranmış tavuğu bir tutam tuz ve karabiberle, ara sıra karıştırarak, kızarana ve iyice pişene kadar pişirin, bu yaklaşık 5-6 dakika sürer. Tavukları bir tabağa aktarın. Başka bir çiseleyen zeytinyağı ile tencereyi orta-yüksek ısıya getirin. Kereviz ve havucu yumuşayana kadar yaklaşık 4-5 dakika pişirin.

c) Aussie baharat karışımını tavaya ekleyin ve kokusu çıkana kadar yaklaşık 1 dakika pişirin. Düdük, tavuk suyu tozu ve kaynar suyu (2 kişi için 2 bardak) ekleyin ve pişen tavuğu tekrar tavaya alıp karıştırarak birleştirin. Kaynatın, ardından ısıyı orta-düşük seviyeye indirin. Bir kapakla örtün ve ara sıra karıştırarak, düdük 'al dente' oluncaya kadar pişirin, bu da yaklaşık 12-14 dakika sürer. Kapağı tavadan çıkarın, ardından kremayı ve bebek ıspanak yapraklarını karıştırın, karışım hafifçe koyulaşıncaya ve ıspanak soluncaya kadar yaklaşık 1-2 dakika pişirin. Tuz ve karabiber ile cömertçe baharatlayın.

ç) Tek kaptaki kremalı tavuk ve sebzeli düdükleri kaselere paylaştırın. Bir tutam pul biberle (kullanıyorsanız) süsleyin ve servis yapmak için maydanozu yırtın. Afiyet olsun!

d) Küçük aşçılar için son dokunuşu ekleyip maydanozu yırtabilirler.

PENNE MAKARNA

10.Limonlu Tavuklu Penne Makarna

Yapım: 4
İÇİNDEKİLER:
- 8 ons penne makarna
- 2 kemiksiz, derisiz tavuk göğsü, ısırık büyüklüğünde parçalar halinde kesilmiş
- Tatmak için tuz ve karabiber
- 2 yemek kaşığı zeytinyağı
- 3 diş sarımsak, kıyılmış
- 1 limon kabuğu rendesi ve
- 1 limonun suyu
- 1 su bardağı tavuk suyu
- 1 bardak ağır krema
- 1 çay kaşığı kurutulmuş kekik
- ½ su bardağı rendelenmiş parmesan peyniri
- Kıyılmış taze maydanoz (süslemek için)

TALİMATLAR:
a) Penne makarnayı paketin üzerindeki talimatlara göre al dente olana kadar pişirin. Drenaj yapın ve bir kenara koyun.
b) Tavuk göğsü parçalarını tuz ve karabiberle tatlandırın.
c) Büyük bir tavada zeytinyağını orta-yüksek ateşte ısıtın. Tavuk göğsü parçalarını tavaya ekleyin ve kızarana ve tamamen pişene kadar yaklaşık 6-8 dakika pişirin. Pişen tavukları tavadan alıp bir kenara koyun.
ç) Aynı tavaya kıyılmış sarımsağı ekleyin ve kokusu çıkana kadar yaklaşık 1 dakika soteleyin.
d) Tavaya limon kabuğu rendesini, limon suyunu ve tavuk suyunu ekleyin. İyice karıştırın, kızartılmış parçaları serbest bırakmak için tavanın tabanını kazıyın.
e) Isıyı en aza indirin ve ağır kremayı dökün. Kurutulmuş kekiği karıştırın. Sosu hafifçe koyulaşana kadar yaklaşık 5 dakika pişirin.
f) Pişmiş penne makarnayı ve pişmiş tavuğu tekrar tavaya ekleyin. Makarnayı ve tavuğu sosla kaplamak için iyice karıştırın.
g) Rendelenmiş Parmesan peynirini makarnanın üzerine serpin ve peynir eriyip sos kremsi bir kıvam alana kadar karıştırın.
ğ) Tavayı ocaktan alın. Gerekirse baharatı tuz ve karabiberle tadın ve ayarlayın.
h) Limonlu Tavuklu Penne Makarnayı, doğranmış taze maydanozla süsleyerek sıcak olarak servis yapın.
ı) Kalan limon suyunu üstüne gezdirin.

11.Üç Peynirli Köfte Mostaccioli

Bileşen
- 1 paket (16 ons) mostaccioli
- 2 büyük yumurta, hafifçe dövülmüş
- 1 karton (15 ons) yarım yağlı ricotta peyniri
- 1 kiloluk kıyma
- 1 orta boy soğan, doğranmış
- 1 yemek kaşığı esmer şeker
- 1 yemek kaşığı İtalyan baharatı
- 1 çay kaşığı sarımsak tozu
- 1/4 çay kaşığı biber
- 2 kavanoz (her biri 24 ons) etli makarna sosu
- 1/2 bardak rendelenmiş Romano peyniri
- 1 paket (12 ons) dondurulmuş, tamamen pişirilmiş İtalyan köftesi, çözülmüş
- 3/4 bardak traşlanmış Parmesan peyniri
- İsteğe göre kıyılmış taze maydanoz veya taze roka

TALİMATLAR:
a) Fırını 350°'ye önceden ısıtın. Mostaccioli'yi al dente için paket talimatlarına göre pişirin; boşaltmak. Bu arada küçük bir kapta yumurtaları ve ricotta peynirini karıştırın.

b) 6-qt'de. tencerede, sığır eti ve soğanı 6-8 dakika veya sığır eti artık pembe olmayana kadar pişirin, sığır eti parçalara ayırın; boşaltmak. Esmer şekeri ve baharatları ekleyip karıştırın. Makarna sosu ve mostaccioli'yi ekleyin; birleştirmek için fırlatın.

c) Makarna karışımının yarısını yağlanmış 13x9 inçlik bir kaba aktarın. pişirme kabı. Ricotta karışımı ve kalan makarna karışımını katmanlayın; Romano peyniri serpin. Üstüne köfte ve Parmesan peyniri serpin.

ç) Kapağı açık olarak 35-40 dakika veya tamamen ısıtılıncaya kadar pişirin. İstenirse üzerine maydanoz serpilir.

12.Füme Somonlu Makarna

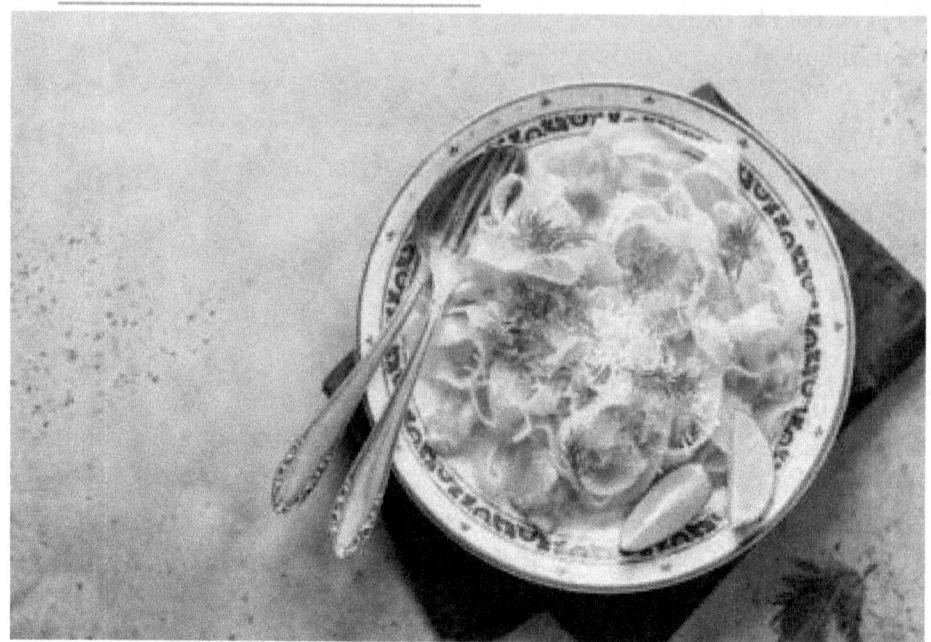

Yapım: 8

İÇİNDEKİLER:

- 16 oz. Penne makarna
- ¼ fincan tereyağı
- 1 küçük, doğranmış soğan
- 3 diş kıyılmış sarımsak
- 3 Yemek kaşığı un
- 2 su bardağı hafif krema
- ½ bardak beyaz şarap
- 1 Yemek kaşığı limon suyu
- ½ bardak rendelenmiş Romano peyniri
- 1 su bardağı dilimlenmiş mantar
- ¾ lb. doğranmış füme somon

TALİMATLAR:

a) Makarnayı tuzlu su dolu bir tencerede 10 dakika kadar haşlayın. Boşaltmak.
b) Tereyağını tavada eritip soğan ve sarımsağı 5 dakika soteleyin.
c) Unu tereyağı karışımına karıştırın ve 2 dakika karıştırmaya devam edin.
ç) Hafif kremayı yavaşça ekleyin.
d) Sıvıyı kaynama noktasının hemen altına getirin.
e) Peyniri ekleyin ve karışım pürüzsüz hale gelinceye kadar yaklaşık 3 dakika karıştırmaya devam edin.
f) Mantarları ekleyin ve 5 dakika pişirin.
g) Somonu tavaya aktarın ve 3 dakika pişirin.
ğ) Somon karışımını penne makarnanın üzerine servis edin.

13.Penne Alla Votka

Yapım: 8

İÇİNDEKİLER:
- 4 yemek kaşığı tuzlu tereyağı
- 2 diş sarımsak, kıyılmış veya rendelenmiş
- ½ çay kaşığı ezilmiş kırmızı biber gevreği
- ½ fincan votka
- 1 (28 ons) San Marzano veya Pomi domatesleri gibi ezilmiş domatesler
- ½ bardak güneşte kurutulmuş domates zeytinyağına sarılmış, suyu süzülmüş ve doğranmış
- Kaşer tuzu ve taze çekilmiş karabiber
- ¾ bardak ağır krema
- 1 (1 pound) kutu penne
- 1 bardak rendelenmiş Parmesan peyniri, ayrıca servis için daha fazlası
- Servis için taze fesleğen

TALİMATLAR:

a) Büyük bir tencerede tereyağını, sarımsağı ve kırmızı biber pullarını orta-düşük ateşte birleştirin. Tereyağı eriyene ve sarımsak kokulu hale gelinceye kadar sık sık karıştırarak yaklaşık 5 dakika pişirin. Votkayı ekleyin ve kaynamaya bırakın. Üçte bir oranında azalıncaya kadar, 2 ila 3 dakika daha pişirin. Ezilmiş domatesleri, güneşte kurutulmuş domatesleri ve büyük bir tutam tuz ve karabiberi ekleyin. Sosu, 10 ila 15 dakika kadar hafifçe azalıncaya kadar orta ateşte pişirin. Sosu bir karıştırıcıya aktarın veya bir daldırma karıştırıcısı kullanarak sosu pürüzsüz hale gelinceye kadar 1 dakika püre haline getirin. Kremayı birleşene kadar karıştırın.

b) Bu arada büyük bir tencerede tuzlu suyu yüksek ateşte kaynatın. Penneyi ekleyin ve paketin üzerindeki talimatlara göre al dente olana kadar pişirin. Makarnayı ve Parmesan'ı süzün ve sosa ekleyin, birleştirmek için fırlatın.

c) Geleneksel olarak servis yapmak için makarnayı sekiz tabak veya kaseye bölün. Fesleğen ve Parmesan ile süsleyin.

14. Cevizli Tavuklu Makarna

Yapım: 4

İÇİNDEKİLER:
- 6 dilim pastırma
- 1 (6 oz.) kavanoz marine edilmiş enginar kalbi, süzülmüş
- 10 kuşkonmaz mızrağı, uçları kesilmiş ve iri doğranmış
- 1/2 (16 oz.) paket rotini, dirsek veya penne
- 1 adet pişmiş tavuk göğsü, kuşbaşı makarna
- 1/4 su bardağı kurutulmuş kızılcık
- 3 yemek kaşığı az yağlı mayonez
- 1/4 bardak kızarmış dilimlenmiş badem
- 3 yemek kaşığı balzamik soslu salata sosu
- tatmak için biber ve tuz
- 2 çay kaşığı limon suyu
- 1 çay kaşığı Worcestershire sosu

TALİMATLAR:
a) Büyük bir tavayı orta ateşte yerleştirin. Pastırmayı gevrek hale gelinceye kadar pişirin. Fazla yağdan arındırın. Parçalayıp bir kenara koyun.
b) Makarnayı paketin üzerindeki tarife göre pişirin.
c) Küçük bir karıştırma kabı alın: Mayonezi, balzamik salata sosunu, limon suyunu ve Worcestershire sosunu karıştırın. Bunları iyice karıştırın.
ç) Büyük bir karıştırma kabı alın: Makarnayı sosla birlikte içine atın. Enginarı, tavuğu, kızılcıkları, bademleri, ufalanmış pastırmayı ve kuşkonmazı, bir tutam tuz ve karabiberi ekleyin.
d) Bunları iyice karıştırın. Salatayı buzdolabında 1 saat 10 dakika dinlendirdikten sonra servis yapın.

15.Penne Dana Fırında

İÇİNDEKİLER:

- 1 paket (12 ons) tam buğdaylı penne makarna
- 1 kiloluk yağsız kıyma (%90 yağsız)
- 2 orta boy kabak, ince doğranmış
- 1 büyük yeşil biber, ince doğranmış
- 1 küçük soğan, ince doğranmış
- 1 kavanoz (24 ons) spagetti sosu
- 1-1/2 bardak yağı azaltılmış Alfredo sosu
- 1 su bardağı rendelenmiş yarım yağlı mozzarella peyniri, bölünmüş
- 1/4 çay kaşığı sarımsak tozu
- İsteğe göre kıyılmış taze maydanoz

TALİMATLAR:

a) Penneyi paket talimatlarına göre pişirin. Bu arada, Hollandalı bir fırında, sığır eti, kabak, biber ve soğanı, et artık pembe olmayana kadar orta ateşte pişirin ve parçalara ayırın; boşaltmak. Spagetti sosunu, Alfredo sosunu, 1/2 bardak mozzarella peynirini ve sarımsak tozunu karıştırın. Penneyi boşaltın; et karışımına karıştırın.

b) 13x9 inç'e aktarın. pişirme spreyi ile kaplanmış pişirme kabı. Kapağını kapatıp 375°'de 20 dakika pişirin. Kalan mozzarella peynirini serpin. Kapağı açık olarak 3-5 dakika daha uzun süre veya peynir eriyene kadar pişirin. İstenirse üzerine maydanoz serpilir.

16. Peynirli Tavuklu Kremalı Makarna

Yapım: 6

İÇİNDEKİLER:
- 1 1/2 bardak un, artı
- 1 kırmızı biber, jülyen kesilmiş
- 1 Yemek kaşığı un
- 1/2 bardak beyaz şarap
- 1 Yemek kaşığı tuz
- 1/2 lb. bütün ıspanak yaprakları, saplı
- 2 çay kaşığı karabiber
- 12 sıvı oz. yoğun krema
- 2 çay kaşığı İtalyan otu baharatı
- 1 su bardağı parmesan peyniri, rendelenmiş
- 3 lbs. kemiksiz derisiz tavuk göğsü
- 3 sıvı oz. bitkisel yağ, bölünmüş
- 1 lb. penne makarna
- 1 yemek kaşığı sarımsak, doğranmış

TALİMATLAR:
a) Herhangi bir şey yapmadan önce fırını 350 F'ye ayarlayın.
b) Sığ bir tabak alın: 1 1/2 su bardağı un, tuz, karabiber ve İtalyan ot baharatını karıştırın.
c) Fırına dayanıklı büyük bir tavayı orta ateşte yerleştirin ve içine biraz yağ ısıtın.
ç) Tavuk göğüslerini unlu karışıma bulayın ve tavada her iki tarafını da 4'er dakika kızartın. Tavayı tavukla birlikte fırına aktarın ve 17 dakika pişirin.
d) Penne makarnayı paketin üzerindeki talimatlara göre dente kıvamına gelinceye kadar pişirin.
e) Boşaltın ve bir kenara koyun.
f) Sosu yapmak için:
g) Büyük bir tencereyi orta ateşte yerleştirin. 1 oz ekleyin. yağ. Kırmızı biberi sarımsakla birlikte 1 dakika pişirin. Unu karıştırın.
ğ) Şarabı karıştırın ve 1 dakika soğumaya bırakın. Kremayı ve ıspanakları ekleyip kaynamaya başlayıncaya kadar pişirin. Peynir eriyene kadar karıştırın.
h) Büyük bir karıştırma kabı alın: Makarnayı sosun 1/2'si ile karıştırın. Makarnayı tavukla birlikte sıcak olarak servis edin ve kalan sosu üzerine gezdirin.

17.Hindi köfteli fırında penne

İÇİNDEKİLER : _

- 1 pound Zemin türkiye
- 1 büyük diş sarımsak; kıyılmış
- ¾ bardak taze ekmek kırıntısı
- ½ su bardağı ince doğranmış soğan
- 3 yemek kaşığı Çam fıstığı; tost
- ½ su bardağı kıyılmış taze maydanoz yaprağı
- 1 büyük yumurta; hafifçe dövülmüş
- 1 çay kaşığı Tuz
- 1 çay kaşığı Karabiber
- 4 yemek kaşığı Zeytinyağı
- 1 pound Penne
- 1½ su bardağı iri rendelenmiş mozzarella peyniri
- 1 su bardağı Taze rendelenmiş Romano peyniri
- 6 su bardağı domates sosu
- 1 Konteyner; (15 oz.) ricotta peyniri

TALİMATLAR:

a) Bir kapta hindiyi, sarımsağı, galeta ununu, soğanı, çam fıstığını, maydanozu, yumurtayı, tuzu ve karabiberi iyice karıştırıp köfte haline getirin ve aşçı .

b) Makarna pişirin

c) Küçük bir kapta mozzarella ve Romano'yu bir araya getirin. Hazırlanan tabağa yaklaşık 1½ bardak domates sosu ve köftelerin yarısını dökün ve üzerine makarnanın yarısını kaşıklayın.

ç) Kalan sosun yarısını ve peynirli karışımın yarısını makarnanın üzerine yayın. Kalan köfteleri üstüne koyun ve köftelerin üzerine ricotta parçalarını bırakın. Penneyi fırının ortasında 30 ila 35 dakika pişirin .

18. Klasik Penne Makarna

Yapım: 8

İÇİNDEKİLER:

- 1 (16 oz.) paket penne makarna
- 2 (14,5 oz.) kutu doğranmış domates
- 2 yemek kaşığı zeytinyağı
- 1 lb. karides, soyulmuş ve ayrılmış
- 1/4 bardak doğranmış kırmızı soğan
- 1 su bardağı rendelenmiş parmesan peyniri
- 1 Yemek kaşığı doğranmış sarımsak
- 1/4 bardak beyaz şarap

TALİMATLAR:

a) Makarnanızı su ve tuzla 9 dakika haşladıktan sonra suyunu çıkarın.

b) Şimdi sarımsaklarınızı ve soğanlarınızı yağda, soğanlar yumuşayana kadar kavurmaya başlayın.

c) Daha sonra domatesleri ve şarabı ekleyin.

ç) Karışımı karıştırarak 12 dakika pişirin. Daha sonra karidesleri ekleyin ve her şeyi 6 dakika pişirin.

d) Şimdi makarnayı ekleyin ve her şeyi eşit şekilde karıştırın.

ROTINI MAKARNA

19.Karides ve Kiraz Domatesli Makarna Salatası

yapar: 6 porsiyon
İÇİNDEKİLER:
- ¾ Yarım kilo karides, pembeleşene kadar yaklaşık 2 dakika kaynatılır ve suyu süzülür
- 12 ons rotini makarna

SEBZELER
- 1 kabak, doğranmış
- 2 sarı biber, dörde bölünmüş
- 10 adet üzüm domates, ikiye bölünmüş
- ½ çay kaşığı tuz
- ½ beyaz soğan, ince dilimlenmiş
- ¼ su bardağı dilimlenmiş siyah zeytin
- 2 Su Bardağı Bebek ıspanak

KREMALI SOS
- 4 yemek kaşığı tuzsuz tereyağı
- 4 yemek kaşığı çok amaçlı un
- ½ çay kaşığı tuz
- 1 çay kaşığı sarımsak tozu
- 1 çay kaşığı soğan tozu
- 4 yemek kaşığı besin mayası
- 2 bardak süt
- 2 yemek kaşığı limon suyu

HİZMET İÇİN
- Karabiber

TALİMATLAR :
MAKARNA:
a) Makarnayı kutunun üzerindeki talimatlara göre al dente hazırlayın.
b) Drenaj yapın ve ardından bir kenara koyun.

SEBZELER:
c) Tavayı orta ateşe koyun ve biraz yağ ekleyin.
ç) Ara sıra karıştırarak kabak, biber, soğan ve tuzu 8 dakika pişirin.
d) Domatesleri ekleyin ve 3 dakika daha veya sebzeler yumuşayana kadar pişirin.
e) Ispanağı ekleyin ve yaklaşık 3 dakika veya solana kadar pişirin.

KREMALI SOS:
f) Orta ateşteki bir tencerede tereyağını eritin.
g) Unu ekleyin ve pürüzsüz bir macun oluşturmak için yavaşça çırpın.
ğ) Sütü ekleyip tekrar çırpın.
h) malzemelerini çırpın ve yaklaşık 5 dakika pişirin.

MONTAJLAMA:
ı) Pişmiş karides, pişmiş makarna, sebzeler, siyah zeytin ve kremalı sosu bir servis kabında birleştirin.
i) Bir tutam çekilmiş karabiber ile süsleyin.

20.Taze Limonlu Makarna

Yapım: 8
İÇİNDEKİLER:
- 1 (16 oz.) paket üç renkli rotini makarna
- 1 tutam tuz ve çekilmiş karabiber
- 2 adet domates, çekirdekleri çıkarılmış ve doğranmış
- tatmak
- 2 salatalık – soyulmuş, çekirdekleri çıkarılmış ve
- 1 avokado, doğranmış
- doğranmış
- 1 sıkılmış limon suyu
- 1 (4 oz.) siyah zeytin dilimleyebilir
- 1/2 bardak İtalyan sosu veya tadına göre daha fazlası
- 1/2 su bardağı rendelenmiş parmesan peyniri

TALİMATLAR:
a) Makarnayı paketin üzerindeki tarife göre pişirin.
b) Büyük bir karıştırma kabı alın: Makarnayı, domatesleri, salatalıkları, zeytinleri, İtalyan sosunu, Parmesan peynirini, tuzu ve karabiberi karıştırın. Bunları iyice karıştırın.
c) Makarnayı 1 saat 15 dakika buzdolabına koyun.
ç) Küçük bir karıştırma kabı alın: Limon suyunu avokado ile karıştırın. Avokadoyu makarna salatasıyla karıştırın ve servis yapın.
d) Eğlence.

21.Peynirli Pepperoni Rotini Salatası

Yapım: 8
İÇİNDEKİLER:
- 1 (16 oz.) paket üç renkli rotini makarna
- 1 (8 oz.) paket mozzarella peyniri
- 1/4 lb. dilimlenmiş biberli sosis
- 1 su bardağı taze brokoli çiçeği
- 1 (16 oz.) şişe İtalyan usulü salata
- 1 (6 oz.) kutu siyah zeytin, süzülmüş
- pansuman

TALİMATLAR:
a) Makarnayı paketin üzerindeki tarife göre pişirin.
b) Büyük bir karıştırma kabı alın: Makarnayı, sucukları, brokoliyi, zeytinleri, peyniri ve sosu içine atın.
c) Salatanın baharatını ayarlayıp buzdolabında 1 saat 10 dakika bekletin. Servis et.

22.Tek Tencerede Kremalı Domatesli Rotini Makarna

yapar: 4 porsiyon

İÇİNDEKİLER:
- 1 yemek kaşığı zeytinyağı
- 3 diş kıyılmış sarımsak
- 8 ons rotini makarna (veya herhangi bir orta boy makarna)
- 14 ons konserve doğranmış domates, suyuyla birlikte
- 3 yemek kaşığı domates salçası
- 1 çay kaşığı İtalyan baharatı
- ½ çay kaşığı isteğe bağlı pul biber
- Tatmak için biber ve tuz
- 2 ½ - 3 bardak su veya et suyu (gerekirse daha fazla)
- 2 su bardağı doğranmış ve pişmiş tavuk (artık veya et lokantası tavuğu iyi sonuç verir)
- ⅔ bardak ağır krema
- 2 yemek kaşığı kıyılmış taze maydanoz
- 1 ons kıyılmış taze Parmesan peyniri
- 1 ⅓ bardak rendelenmiş mozzarella peyniri

TALİMATLAR:
a) Zeytinyağını fırına dayanıklı geniş bir tavada ısıtın, ardından kıyılmış sarımsakları ekleyip kokusu çıkana kadar pişirin.

b) Pişmemiş makarnayı, konserve domatesi, domates salçasını, İtalyan baharatını, pul biberi (eğer kullanılıyorsa) ve 2 ½ bardak suyu ilave edin. Makarna pişene kadar kapağı açık pişirin, gerekirse daha fazla su ekleyin (genellikle yaklaşık 11-13 dakika; sos oluşturmaya yetecek kadar sıvı olduğundan emin olun).

c) Tavuğu ve ağır kremayı karıştırın. 2-3 dakika daha veya sos hafifçe kalınlaşıncaya ve tavuk iyice ısıtılıncaya kadar kaynamaya bırakın.

ç) Ateşten alıp maydanoz ve Parmesan peynirini ekleyip karıştırın. Üstüne mozzarella peyniri ekleyin, ardından köpürene ve hafifçe kızarana kadar kızartın.

d) Lezzetli ve yapımı kolay kremalı domatesli rotini makarnanızın tadını çıkarın!

23.Tek Tencerede Soslu Dana Rotini

yapar: 4 porsiyon
İÇİNDEKİLER:
- 3/4 pound yağsız kıyma (%90 yağsız)
- 2 su bardağı dilimlenmiş taze mantar
- 1 orta boy soğan, doğranmış
- 3 diş sarımsak, kıyılmış
- 3/4 çay kaşığı İtalyan baharatı
- 2 su bardağı domatesli fesleğenli makarna sosu
- 1/4 çay kaşığı tuz
- 2 1/2 bardak su
- 3 bardak pişmemiş tam buğday rotini (yaklaşık 8 ons)
- 1/4 su bardağı rendelenmiş parmesan peyniri

TALİMATLAR:
a) 6 litrelik bir tencerede, ilk 5 malzemeyi orta-yüksek ateşte, sığır eti artık pembe olmayana kadar pişirin; bu, 6-8 dakika sürer. Eti ufalayın ve fazla yağını boşaltın.

b) Makarna sosunu, tuzu ve suyu ekleyin; kaynatın. Rotiniyi karıştırın ve tekrar kaynatın.

c) Isıyı azaltın, kapağını kapatın ve ara sıra karıştırarak 8-10 dakika veya makarna al dente kıvamına gelinceye kadar pişmeye bırakın.

ç) Bir tutam rendelenmiş peynir serperek servis yapın.

d) Tek bir tencerede yapılan bu soslu dana rotinisinin tadını çıkarın; dağınık tabaklar olmadan spagetti günü için mükemmel bir çözüm.

24.Tek Tencerede Tavuk ve Brokoli Rotini

Yapım: 8

İÇİNDEKİLER:
- 1 lb kemiksiz derisiz tavuk göğsü
- 1 yemek kaşığı zeytinyağı
- 1 çay kaşığı tuz
- 1/2 çay kaşığı biber
- 1 çay kaşığı kurutulmuş kekik
- 4 su bardağı düşük sodyumlu tavuk suyu
- 1 lb pişmemiş rotini veya benzer şekilli makarna
- 1 bardak ağır krema
- 1 su bardağı rendelenmiş parmesan peyniri
- 2 bardak brokoli çiçeği (buğulanmış veya 12 oz torbada buharda dondurulmuş brokoli)
- 3 diş rendelenmiş sarımsak

TALİMATLAR:
a) Tavukları küçük lokma büyüklüğünde doğrayın.
b) Zeytinyağını 4,5 litrelik derin bir tencerede orta ateşte ısıtın.
c) Tavuğu, kekiği, sarımsağı, tuzu ve karabiberi ekleyip tavuk pembe olmayıncaya kadar pişirin, bu yaklaşık 3-4 dakika sürer.
ç) Pişmemiş makarnayı ve et suyunu karıştırın, kaynatın, ardından kapağını kapatın ve ısıyı orta-düşük seviyeye indirin.
d) Yarıya kadar veya makarna al dente oluncaya kadar karıştırarak 8-10 dakika pişirin.
e) Krema, parmesan ve buharda pişirilmiş brokoliyi ekleyin.
f) Güzel ve kremsi bir kıvama gelinceye kadar tüm malzemeleri karıştırın.
g) İlave parmesan peyniri ve taze İtalyan maydanozuyla süsleyin.
ğ) Hepsi tek bir tencerede yapılan bu hızlı ve kolay kremalı tavuk ve brokoli rotini yemeğinin tadını çıkarın.

25.Domates Krema Soslu Tek Tavada Rotini

yapar: 6 porsiyon

İÇİNDEKİLER:
- 1 pound yağsız kıyma (%90 yağsız)
- 1 orta boy soğan, doğranmış
- 2 diş sarımsak, kıyılmış
- 1 çay kaşığı İtalyan baharatı
- 1/2 çay kaşığı biber
- 1/4 çay kaşığı tuz
- 2 su bardağı et suyu
- 1 kutu (14-1/2 ons) ateşte kavrulmuş doğranmış domates, süzülmemiş
- 2 su bardağı pişmemiş spiral makarna
- 1 su bardağı dondurulmuş bezelye
- 1 su bardağı ağır krem şanti
- 1/2 su bardağı rendelenmiş parmesan peyniri

TALİMATLAR:
a) Büyük bir tavada, sığır eti ve soğanı orta ateşte, sığır eti artık pembeleşmeyene ve soğan yumuşayana kadar pişirin; bu yaklaşık 5-10 dakika sürer. Sığır eti parçalara ayırdığınızdan emin olun, ardından fazla yağı boşaltın.
b) Sarımsak ve baharatları ekleyip bir dakika daha pişirin.
c) Sığır suyunu ve domatesleri karıştırın, ardından karışımı kaynatın.
ç) Makarnayı ve bezelyeyi ekleyin, ardından ısıyı azaltın. Makarna yumuşayana kadar kapağı kapalı olarak pişirin, bu genellikle 10-12 dakika sürer.
d) Kremayı ve peyniri yavaş yavaş karıştırın, ancak kaynamamasına dikkat edin.
e) Hazırlanması ve temizlenmesi kolay, aile tarafından onaylanmış bir yemek olan domates kremalı soslu tek tavada rotini'nizin tadını çıkarın!

26. Parmesanlı Rotini Tava

Yapım: 8
İÇİNDEKİLER:
- 1 kiloluk İtalyan domuz sosisi bağlantıları, muhafazaları çıkarıldı
- 1 kutu (her biri 15 oz) VEYA 1 karton (14,8 oz) Hunt's® Domates Sosu
- 1 kutu (her biri 14,5 oz) Hunt's® Doğranmış Domates, süzülmemiş
- 2 bardak su
- 1/2 çay kaşığı kurutulmuş fesleğen yaprağı
- 1/2 çay kaşığı kurutulmuş kekik yaprağı
- 3 bardak rotini makarna, pişmemiş
- 1 su bardağı ricotta peyniri
- 1/2 bardak Kraft® Rendelenmiş Parmesan Peyniri, bölünmüş
- 1/2 çay kaşığı maydanoz gevreği

TALİMATLAR:
a) Sosisleri büyük, derin bir tavaya ufalayın. Sık sık karıştırarak 8 ila 10 dakika veya eşit şekilde kızarana kadar pişirin. Sosisleri boşaltın, ardından tavaya geri koyun.
b) Domates sosunu, suyu süzülmemiş domatesi, suyu, fesleğeni ve kekiği ekleyip karıştırın. Karışımı kaynatın. Makarnayı ekleyip karıştırın. Kapağını kapatın, ardından orta-düşük ateşte 18 ila 20 dakika veya makarna yumuşayana kadar ara sıra karıştırarak pişirin.
c) Ricotta, 1/4 bardak Parmesan ve maydanozu karıştırın. Bu karışımı makarnanın üzerine dökün, ardından bir kaşıkla yavaşça çevirin. Kalan Parmesanı üstüne serpin.
ç) Tek bir tavada hazırlanan hızlı ve doyurucu bir yemek olan leziz Parmesan Rotini Tavanızın tadını çıkarın.

27.Tek Tavada Tavuk Rotini

Yapım: 4

İÇİNDEKİLER:
- 1 yemek kaşığı. zeytin yağı
- 1 çay kaşığı. kıyılmış sarımsak
- 8 oz. kuru rotini makarna (2 bardak)
- 115 gram. az yağlı krem peynir, küp şeklinde
- 1 su bardağı rendelenmiş havuç poşeti
- 2 su bardağı doğranmış pişmiş tavuk (veya jambon)
- 2 kutu (her biri 14,5 oz) Mantarlı Yeşil Fasulye, süzülmüş
- 1/2 su bardağı rendelenmiş parmesan peyniri
- 1/4 su bardağı doğranmış taze fesleğen

TALİMATLAR:
a) Zeytinyağını 10 inçlik derin bir tavada ısıtın; sarımsak ekleyin ve sürekli karıştırarak 30 saniye pişirin.
b) Dikkatlice 3 1/2 bardak su ekleyin ve kaynatın. Makarnayı karıştırın, tekrar kaynatın ve orta ateşe düşürün. Makarna al dente olana kadar (genellikle paket talimatlarından yaklaşık 2 dakika daha uzun), sık sık karıştırarak, paketin talimatlarına göre düşük kaynamada pişirin. BOŞALTMAYIN.
c) Krem peynir, havuç, tavuk (veya jambon), yeşil fasulye ve Parmesan peynirini karıştırın. 4 dakika veya tamamen ısıtılıncaya ve havuçlar yumuşayana kadar pişirin.
ç) Servis yapmadan önce fesleğeni karıştırın.
d) Artıkları değerlendirmenin ve doyurucu bir yemek hazırlamanın lezzetli ve etkili bir yolu olan tek tavada tavuk rotininin tadını çıkarın.

JUMBO KABUKLARI

28. İtalyan Sosis Doldurulmuş Kabuklar

Yapım: 4-6 Porsiyon

İÇİNDEKİLER:

MAKARNA İÇİN:
- 24 adet jumbo makarna kabuğu

SOSİS MARİNARA İÇİN:
- 1 pound (450g) İtalyan sosisi, kabuğu çıkarılmış
- 1 küçük soğan, ince doğranmış
- 2 diş sarımsak, kıyılmış
- 28 onsluk ezilmiş domates konservesi
- 1 çay kaşığı kurutulmuş fesleğen
- 1 çay kaşığı kurutulmuş kekik
- Tatmak için tuz ve karabiber

DOLGU VE GRANSİ İÇİN:
- 2 su bardağı ricotta peyniri
- 1,5 su bardağı rendelenmiş mozzarella peyniri
- ½ su bardağı rendelenmiş parmesan peyniri
- ¼ bardak taze maydanoz, doğranmış
- 1 yumurta

MONTAJ İÇİN:
- Yağlamak için zeytinyağı

TALİMATLAR:
MAKARNA İÇİN:
a) Fırınınızı önceden 350°F (175°C) ısıtın.
b) Jumbo makarna kabuklarını paketteki talimatlara göre al dente oluncaya kadar pişirin.
c) Süzün ve soğumaları için bir kenara koyun.

SOSİS MARİNARA İÇİN:
ç) Büyük bir tavada, orta-yüksek ateşte biraz zeytinyağını ısıtın.
d) İtalyan sosisini ekleyin ve kahverengileşene ve artık pembe olmayana kadar pişirin, bir kaşıkla parçalayın. Fazla yağı çıkarın.
e) Doğranmış soğanı ve kıyılmış sarımsağı sosisle birlikte tavaya ekleyin ve soğan yarı saydam hale gelinceye kadar yaklaşık 2-3 dakika pişirin.
f) Ezilmiş domates, kurutulmuş fesleğen, kurutulmuş kekik, tuz ve karabiberi ekleyip karıştırın.
g) Tatların birbirine karışıp hafifçe koyulaşması için sosu yaklaşık 10 dakika pişirin. Isıdan çıkarın.

DOLGU İÇİN:
ğ) Bir karıştırma kabında ricotta peyniri, 1 su bardağı mozzarella peyniri, ¼ su bardağı Parmesan peyniri, doğranmış maydanoz ve yumurtayı birleştirin.
h) Doldurma karışımını oluşturmak için iyice karıştırın.

BİRLEŞTİRMEK:
ı) Bir fırın tepsisini zeytinyağıyla yağlayın.
i) Yemeğin dibine ince bir tabaka sosis marinara sosu sürün.
j) Her pişmiş makarna kabuğunu peynir karışımıyla dikkatlice doldurun ve hazırlanan pişirme kabına dizin.
k) Kalan marinara sosunu dolmaların üzerine dökün.
l) Kalan yarım bardak mozzarella peynirini ve kalan Parmesan peynirini kabukların üzerine serpin.

PİŞMEK:
m) Fırın tepsisini alüminyum folyo ile kapatıp önceden ısıtılmış fırında 20-25 dakika pişirin.
n) Folyoyu çıkarın ve 10 dakika daha veya peynir kabarcıklı ve hafif altın rengi olana kadar pişirmeye devam edin.
o) Yemeğin birkaç dakika soğumasını bekleyin, ardından İtalyan Sosis Doldurulmuş Kabuklarınızı isterseniz taze maydanozla süsleyerek sıcak olarak servis edin.

29.Ispanak ve üç peynirli kabuk dolması

Yapar: 6 ila 8

İÇİNDEKİLER:
- 2 yemek kaşığı sızma zeytinyağı
- 1 pound öğütülmüş baharatlı İtalyan sosisi
- San Marzano veya Pomi domatesleri gibi 2 (28 ons) kutu ezilmiş domates
- 1 kırmızı dolmalık biber, çekirdeği çıkarılmış ve dilimlenmiş
- 2 çay kaşığı kurutulmuş kekik
- ½ çay kaşığı ezilmiş kırmızı biber gevreği, artı gerektiğinde daha fazlası
- Kaşer tuzu ve taze çekilmiş karabiber
- 1 (8 ons) torba dondurulmuş doğranmış ıspanak, çözülmüş ve kuru olarak sıkılmış
- 1 (1 kiloluk) kutu jumbo makarna kabukları
- 16 ons tam yağlı ricotta peyniri
- 2 su bardağı rendelenmiş Gouda peyniri
- 1 su bardağı taze fesleğen yaprağı, doğranmış ve servis için daha fazlası
- 8 ons taze mozzarella peyniri, yırtılmış

TALİMATLAR:
a) Fırını önceden 350°F'ye ısıtın.
b) Zeytinyağını fırına dayanıklı büyük bir tavada orta-yüksek ateşte ısıtın. Yağ parıldamaya başlayınca sosisi ekleyin ve tahta kaşıkla parçalayarak, kızarana kadar 5 ila 8 dakika pişirin. Isıyı en aza indirin ve ezilmiş domatesleri, dolmalık biberi, kekiği, kırmızı pul biberi ve birer tutam tuz ve karabiberi ekleyin. Sos hafifçe kalınlaşana kadar 10 ila 15 dakika pişirin. Ispanağı karıştırın. Tadına bakın ve daha fazla tuz, karabiber ve kırmızı pul biber ekleyin.
c) Bu arada büyük bir tencerede tuzlu suyu yüksek ateşte kaynatın. Kabukları ekleyin ve paketin üzerindeki talimatlara göre al dente olana kadar pişirin. İyice boşaltın.
ç) Orta boy bir kapta ricotta, Gouda ve fesleğenleri birleştirin. Karışımı galon büyüklüğünde fermuarlı bir torbaya aktarın. Karışımı torbanın bir köşesine itin, torbanın üst kısmındaki havayı sıkın ve o köşeden yaklaşık ½ inç kesin.
d) Her seferinde bir tane ile çalışarak, her kabuğa yaklaşık 1 çorba kaşığı peynir karışımı sıkın ve ardından tavaya yerleştirin. Kabukları mozarella ile eşit şekilde serpin.
e) Tavayı fırına aktarın ve peynir eriyene ve üstü hafifçe kızarana kadar 25 ila 30 dakika pişirin.

30.Çöken Ispanak Doldurulmuş Kabuklar

İÇİNDEKİLER:

- 1 paket (12 ons) jumbo makarna kabuğu
- 1 kavanoz (24 ons) kavrulmuş kırmızı biber ve sarımsaklı makarna sosu
- 2 paket (her biri 8 ons) krem peynir, yumuşatılmış
- 1 bardak kavrulmuş sarımsaklı Alfredo sosu
- Tutam tuz
- Biber
- İsteğe bağlı olarak ezilmiş kırmızı biber gevreği
- 2 su bardağı rendelenmiş İtalyan peyniri karışımı
- 1/2 su bardağı rendelenmiş parmesan peyniri
- 1 paket (10 ons) dondurulmuş doğranmış ıspanak, çözülmüş ve kuru olarak sıkılmış
- 1/2 su bardağı ince doğranmış su dolu enginar kalbi
- 1/4 bardak ince doğranmış kavrulmuş tatlı kırmızı biber
- İlave Parmesan peyniri, isteğe bağlı

TALİMATLAR:

a) Fırını 350°'ye önceden ısıtın. Makarna kabuklarını al dente için paket talimatlarına göre pişirin. Boşaltmak.

b) 1 su bardağı sosu yağlanmış 13x9 inçlik bir tavaya yayın. pişirme kabı. Büyük bir kapta krem peyniri, Alfredo sosunu ve baharatları karışıncaya kadar çırpın. Peynirleri ve sebzeleri karıştırın. Kabuklara kaşıkla dökün. Hazırlanan pişirme kabına yerleştirin.

c) Kalan sosu üstüne dökün. Kapağı kapalı olarak 20 dakika pişirin. İstenirse ilave Parmesan peyniri serpin. Kapağı açık olarak 10-15 dakika daha uzun süre veya peynir eriyene kadar pişirin.

31.Sarımsak Dolgulu Jumbo Makarna Kabukları

yapar: 24 porsiyon

İÇİNDEKİLER:
- 500 gram Jumbo makarna kabuğu, yumuşayana kadar kaynatılıp süzülür
- 6 yemek kaşığı Tereyağı
- 6 diş sarımsak (ince kıyılmış) (bir tutam tuzla)
- 500 gram Ricotta peyniri
- 250 gram süzme peynir
- 1/4 bardak rendelenmiş parmesan
- 6 dilim prosciutto, ince doğranmış
- 6 yemek kaşığı Un
- 2 su bardağı Süt
- 1 bardak Ağır krema
- 1/2 su bardağı Taze doğranmış maydanoz
- 6 adet hamsi filetosu, ince doğranmış
- 3 yemek kaşığı Taze kıyılmış maydanoz
- 3 yemek kaşığı taze fesleğen, doğranmış
- 2 Yumurta sarısı, çırpılmış
- Tatmak için biber ve tuz

TALİMATLAR:

a) Tereyağını bir tencerede kısık ateşte eriterek başlayın. İnce kıyılmış sarımsağı ekleyin ve altın kahverengi bir renk almaya başlayıncaya kadar soteleyin. Ateşten alıp unu ekleyin.

b) Tencereyi tekrar ateşe verin ve sürekli karıştırarak iki dakika pişirin. Unun renginin değişmemesine dikkat edin.

c) Ocaktan alıp sütü ve kremayı bir kerede ekleyin. Karışım pürüzsüz hale gelinceye kadar kuvvetlice çırpın. Tavayı orta ateşe alıp maydanozu ve hamsiyi ekleyin.

ç) Sos yoğun krema kıvamına gelinceye kadar sürekli karıştırarak pişirin. Ateşten alın ve damak tadınıza göre tuz ve karabiberle tatlandırın. Açıkta tutun.

d) Büyük bir karıştırma kabında ricotta, süzme peynir, Parmesan, maydanoz, fesleğen, prosciutto ve çırpılmış yumurta sarısını birleştirin. Tadına göre tuz ve karabiber ekleyin ve iyice karıştırın.

e) Her bir jumbo kabuğunu peynir karışımının bir kısmıyla doldurun. Kaynamadan önce orijinal şeklini korumak için her kabuğun uzun kenarlarını yavaşça birbirine bastırın. Fazla dolguyu çıkarın.

f) 24 kabuğun tamamını tek bir katmanda barındıracak kadar büyük bir pişirme kabının tabanına yaklaşık iki bardak sos dökün. Doldurduğunuz kabukları tabağa yerleştirin ve kalan sosu üzerlerine dökün.

g) Önceden ısıtılmış fırında 375°F'de 15 dakika pişirin. Derhal servis yapın. Lezzetli sarımsak dolgulu jumbo makarna kabuklarınızın tadını çıkarın!

32.Soba Doldurulmuş Makarna Kabukları

Yapar: Yaklaşık 4 ila 6 kişi

İÇİNDEKİLER:

- 15 adet jumbo makarna kabuğu
- 1 ½ su bardağı ricotta peyniri
- 2 su bardağı rendelenmiş mozzarella peyniri, bölünmüş
- ¾ bardak rendelenmiş parmesan peyniri, bölünmüş
- 2 yemek kaşığı taze fesleğen yaprağı, kabaca doğranmış
- ½ çay kaşığı tuz
- ¼ çay kaşığı karabiber
- 2 bardak marinara sosu

TALİMATLAR:

a) Büyük bir tencerede tuzlu suyu kaynatmaya başlayın. Makarna kabuklarınızı tencereye ekleyin ve paketin üzerindeki talimatlara göre al dente kıvamında pişirin.

b) İpucu: Yırtılma veya kırılma ihtimaline karşı (bu olur!) yedek bulundurmak istiyorsanız fazladan birkaç kabuk kaynatın. Bu konuda telaşlı değilseniz, devam edin ve tam olarak 15 kabuk kaynatın.

c) Pişmiş makarna kabuklarını, elle tutulabilecek kadar soğuyana kadar soğuk su altında durulayın, ardından süzün. Peynir dolgusunu hazırlarken bunları bir kenara koyun.

ç) Orta boy bir kapta ricotta, 1 bardak mozzarella peyniri, ½ bardak parmesan, fesleğen, tuz ve karabiberi birleştirin. Tüm malzemeler iyice karışana kadar karıştırın.

d) Her kabuğu yaklaşık 1 ila 2 yemek kaşığı peynir karışımıyla doldurun. Pişirme sırasında erimesini ve dökülmesini önlemek için dolguyu sıkıca paketlediğinizden emin olun. Tüm kabuklar dolana kadar devam edin.

e) Marinara sosunuzu yüksek kenarlı büyük bir tavaya dökün. Doldurulmuş kabukları dikkatlice tavaya yerleştirin, kabukların üst kısımlarının sosun üzerinde kaldığından emin olun (bu, peynir dolgusunun sosun içinde erimesini önler, ancak yine de lezzetlidir).

f) Kalan 1 su bardağı mozarella ve ¼ su bardağı parmesan peynirini kabukların üzerine serpin. Tavayı kapatın ve orta-düşük ısıya ayarlanmış ocak üstü brülörün üzerine yerleştirin. Üstteki peynir eriyene ve kabuklar ısıtılıncaya kadar pişirin; bu genellikle yaklaşık 10 dakika sürer.

g) Şahane ocak üstü doldurulmuş makarna kabuklarınızın tadını çıkarın!

33.Vejetaryen Tava Doldurulmuş Kabuklar

İÇİNDEKİLER:

- 18 jumbo makarna kabuğu (yaklaşık 6 oz.)
- 1 1/2 çay kaşığı. koşer tuzu, ayrıca baharat için ekstra
- 2 yemek kaşığı. sızma zeytinyağı
- 1/2 lb. crimini mantarı, ince dilimlenmiş
- 1 çay kaşığı. taze çekilmiş karabiber
- 1/2 bardak sek beyaz şarap veya vermut
- 5 oz. bebek ıspanak
- 6 diş sarımsak, ince dilimlenmiş
- 2 yemek kaşığı. tuzsuz tereyağı
- 3 bardak marinara sosu
- 1/2 çay kaşığı. ezilmiş kırmızı biber gevreği
- 2 bardak tam yağlı ricotta
- 3 oz. ince rendelenmiş Parmesan (yaklaşık 1 bardak), artı servis için daha fazlası
- 3 yemek kaşığı. ince doğranmış kekik, bölünmüş

TALİMATLAR:

a) Makarna kabuklarını büyük bir tencerede kaynayan tuzlu suda ara sıra karıştırarak tamamen al dente olana kadar, yaklaşık 9 dakika pişirin. Pişirmeyi durdurmak için boşaltın ve soğuk su altında çalıştırın. Tekrar boşaltın.

b) Makarna pişerken zeytinyağını büyük bir tavada yüksek ateşte ısıtın. İnce dilimlenmiş mantarları ekleyin ve ara sıra karıştırarak suyunu salıp çekene kadar pişirin, ardından kuruyup güzelce kızarana kadar pişirin, bu da yaklaşık 5-6 dakika sürer. Karabiber ve 1 çay kaşığı ile tatlandırın. tuzun. Isıyı orta dereceye düşürün, şarabı ekleyin ve yarı yarıya azalıncaya kadar karıştırarak pişirin, bu 1-2 dakika sürer. Bebek ıspanağını ekleyin, kapağını kapatın ve solmaya başlayana kadar yaklaşık 1-2 dakika pişirin. Ispanak tamamen solana ve sıvının çoğu buharlaşana kadar, yaklaşık 2-4 dakika daha ara sıra karıştırarak, kapağını açın ve pişirmeye devam edin. Mantar karışımını büyük bir kaseye aktarın ve tavayı ayırın.

c) Sarımsak ve tereyağını ayrılmış tavada orta-yüksek ateşte, ara sıra karıştırarak, sarımsak kokulu hale gelip kahverengileşene kadar pişirin (2-3 dakika sürer). Marinara sosunu ve kırmızı pul biberi ekleyip kısık ateşte kaynamaya bırakın. Ara sıra karıştırarak, iyice ısınana kadar yaklaşık 6-8 dakika pişirin.

ç) Sos pişerken 3 oz. ricotta'yı ekleyin. Parmesan, 2 yemek kaşığı. kekik ve kalan 1/2 çay kaşığı. mantar karışımına tuz ekleyin ve birleştirmek için karıştırın. Yaklaşık 2 yemek kaşığı kaşık. Ricotta karışımını her kabuğa doldurun, kapasiteye kadar doldurun ancak fazla doldurmayın.

d) Doldurduğunuz kabukları tavadaki acı sosun içine dizin. Kapağını kapatıp orta ateşte kabuklar iyice ısınana kadar 4-6 dakika pişirin. Ateşten alın ve 5 dakika bekletin. Parmesan ve kalan 1 yemek kaşığı serpin. kekik.

e) Enfes Vejetaryen Tavada Doldurulmuş Kabuklarınızın tadını çıkarın!

34.Taco Doldurulmuş Makarna Kabukları

Yapım: 8

İÇİNDEKİLER:

- 8 ons pişmemiş jumbo makarna kabukları (12 onsluk kutudan yaklaşık 24 kabuk)
- 1 lb yağsız (en az %80) kıyma
- 1 paket (1 oz) taco baharat karışımı
- 1 kutu (14,5 oz) ateşte kavrulmuş ezilmiş domates, süzülmemiş
- 1 paket (8 oz) rendelenmiş Meksika peyniri karışımı (2 bardağa eşittir)
- 1 su bardağı doğranmış erik (Roma) domates
- 1/4 su bardağı doğranmış taze kişniş

TALİMATLAR:

a) Fırınınızı 350°F'ye önceden ısıtın. Makarna kabuklarını kutunun üzerindeki tarife göre haşlayıp, süzün.

b) 12 inçlik yapışmaz tavada kıymayı orta-yüksek ateşte, tamamen pişene kadar sık sık karıştırarak yaklaşık 5 dakika pişirin. Fazla yağı boşaltın. Taco baharat karışımını, ezilmiş domatesleri ve 1 bardak rendelenmiş peyniri ekleyin. Peynir tamamen eriyene kadar iyice karıştırın.

c) Her bir makarna kabuğunu yaklaşık 1 çorba kaşığı sığır eti karışımıyla doldurun ve bunları yağlanmamış 13x9 inçlik (3 litre) bir cam pişirme kabına yerleştirin. Doldurulmuş kabukların üzerine doğranmış erik domates ve doğranmış kişniş serpin, ardından kalan 1 bardak peyniri serpin.

ç) 15 ila 20 dakika kadar veya tabak tamamen ısıtılıncaya ve peynir tamamen eriyene kadar pişirin. Taco dolgulu makarna kabuklarını sıcakken servis edin.

d) Eşsiz ve ağız sulandıran Taco Doldurulmuş Makarna Kabuklarınızın tadını çıkarın!

35.Yaz Doldurulmuş Kabuklar

Yapan: 6 kişi
İÇİNDEKİLER:
- 20 ila 25 jumbo makarna kabuğu, haşlanmış
- 2 yemek kaşığı zeytinyağı
- 1 tatlı soğan, doğranmış
- 4 diş sarımsak, kıyılmış
- 1 kabak, doğranmış
- 2 koçan mısır, koçandan kesilmiş çekirdekler
- Kaşer tuzu ve biberi
- 15 ons ricotta peyniri
- 1 büyük yumurta, hafifçe dövülmüş
- 2 su bardağı taze rendelenmiş mozzarella veya provolon peyniri
- 1/2 su bardağı ince rendelenmiş parmesan peyniri, ayrıca servis için ekstra
- 2/3 bardak pesto (tercihen fesleğen pesto)
- 2 bardak marinara sosu
- Servis için taze fesleğen

TALİMATLAR:

a) Fırınınızı önceden 350 derece F'ye ısıtın. Makarna kabuklarını paket talimatlarına göre tuzlu suda kaynatın. Pişirdikten sonra bunları boşaltın.

b) Zeytinyağını fırında güvenli bir Hollanda fırınında veya dökme demir tavada ısıtın. Kıyılmış soğanı ve kıyılmış sarımsağı, bir tutam tuz ve karabiberi ekleyin. Sık sık karıştırarak hafif yumuşayana kadar pişirin. Kıyılmış kabak ve mısırı bir tutam tuz ve karabiberle karıştırın. Yumuşayana kadar pişirin, bu yaklaşık 5 ila 6 dakika sürecektir. Isıyı kapatın ve hafifçe soğumasını bekleyin.

c) Büyük bir kapta ricotta peyniri, çırpılmış yumurta, 1 su bardağı mozzarella peyniri, parmesan peyniri ve 1/3 su bardağı pestoyu birleştirin. Bir tutam tuz ve karabiber ekleyin ve iyice birleşene kadar karıştırın. Kabak ve mısır karışımını ricotta karışımına aktarın ve tamamen birleşene kadar karıştırın.

ç) Kabak ve mısır karışımını pişirdiğiniz fırına dayanıklı tavaya marinara sosunu ekleyin.

d) Her bir jumbo makarna kabuğunu alın ve 2 ila 3 yemek kaşığı ricotta-pesto dolgusuyla doldurun. Doldurduğunuz kabukları tavadaki marinara sosuna yerleştirin. Kalan kabuklarla tekrarlayın. Fazladan kabuğunuz varsa, küçük bir fırın tepsisine veya tavaya biraz sos ekleyin ve kabukları oraya katlayın.

e) Kalan pestoyu kabukların üzerine noktalayın. Kalan mozzarella peynirini üzerlerine serpin. Çanak sıcak, altın rengi ve kabarcıklı hale gelinceye kadar 25 ila 30 dakika pişirin.

f) Tavayı fırından çıkarın ve birkaç dakika bekletin. Üzerine ekstra parmesan, taze fesleğen ve istenirse daha fazla pesto ekleyin. Lezzetli yaz dolma kabuklarınızı servis edin ve tadını çıkarın!

LINGUİN MAKARNA

36.Romano Linguine Makarna Salatası

Yapım: 6

İÇİNDEKİLER:
- 1 (8 oz.) paket linguine makarna
- 1/2 çay kaşığı kırmızı biber gevreği
- 1 (12 oz.) torba brokoli çiçeği, ısırık büyüklüğünde parçalar halinde kesilmiş
- 1/4 çay kaşığı öğütülmüş karabiber
- tatmak için tuz
- 1/4 su bardağı zeytinyağı
- 4 çay kaşığı kıyılmış sarımsak
- 1/2 bardak ince kıyılmış Romano peyniri
- 2 yemek kaşığı ince kıyılmış taze düz yapraklı maydanoz

TALİMATLAR:
a) Makarnayı paketin üzerindeki tarife göre pişirin.
b) Bir tencereye suyu kaynatın. Üstüne bir buharlayıcı yerleştirin. Brokolileri kapağı kapalı olarak 6 dakika boyunca buharda pişirin.
c) Orta ateşte bir tencere yerleştirin. İçindeki yağı ısıtın. Sarımsakları pul biberle birlikte 2 dakika soteleyin.
ç) Geniş bir karıştırma kabı alın: Sotelenmiş sarımsak karışımını makarna, brokoli, Romano peyniri, maydanoz, karabiber ve tuzla birlikte içine aktarın. Bunları iyice karıştırın.
d) Salatanın baharatını ayarlayın. Hemen servis yapın.
e) Eğlence.

37.Nohutlu Limonlu Ricotta Makarna

Yapım: 4
İÇİNDEKİLER:
- 8 ons linguine makarna
- 1 su bardağı ricotta peyniri
- 1 kutu (15 ons) nohut, süzülmüş ve durulanmış
- 3 bardak Toskana lahanası, sapları çıkarılmış ve kabaca doğranmış
- 2 yemek kaşığı sızma zeytinyağı
- 3 diş sarımsak, kıyılmış
- 1 yemek kaşığı limon kabuğu rendesi
- 2 yemek kaşığı limon suyu
- Tatmak için biber ve tuz
- Süslemek için limon dilimleri

TALİMATLAR:

a) Büyük bir tencerede bol miktarda tuzlu suyu kaynayana kadar getirerek başlayın. Linguine paketinin üzerindeki talimatları takip ederek istediğiniz al dente kıvamına gelinceye kadar pişirin.

b) Pişirdikten sonra makarnayı süzün, ancak yaklaşık ½ bardak makarna suyunu ayırdığınızdan emin olun. Makarnayı ve ayırdığınız suyu bir kenara koyun.

c) Büyük bir tavada bir miktar zeytinyağını orta ateşte ısıtın. Kıyılmış sarımsağı tavaya ekleyin ve kokusu çıkana ve hafif altın rengi oluncaya kadar yaklaşık 1 dakika soteleyin.

ç) Toskana lahanasını tavaya koyun ve ara sıra karıştırarak, solana ve yumuşayana kadar yaklaşık 3-4 dakika pişirin.

d) Isıyı hafif bir kaynamaya indirin ve ricotta peyniri, limon kabuğu rendesi ve limon suyunu tavaya ekleyin. Malzemeleri iyice karıştırın, pürüzsüz ve kremsi bir sos oluşturacak şekilde birleştiklerinden emin olun.

e) Nohutları ve pişmiş linguini dikkatlice katlayın ve kremalı sosla eşit şekilde kaplanmasını sağlayın. Sos çok kalın görünüyorsa, istenilen kıvamı elde etmek için yavaş yavaş ayrılmış makarna suyundan az miktarda ekleyin.

f) Yemeğinizi damak zevkinize göre tuz ve karabiberle tatlandırın. 2-3 dakika daha pişirmeye devam ederek tatların birbirine karışmasını sağlayın.

g) Tavayı ocaktan alın ve Lemon Ricotta Linguine'i ayrı servis tabaklarına bölün. Ekstra narenciye aroması için her tabağı limon dilimleriyle süsleyin.

ğ) Yemeğinizi henüz sıcakken hemen servis edin ve taze, canlı lezzetlerinin tadını çıkarın.

h) Mükemmel bir eşlik için, bu Lemon Ricotta Linguine with Nohut'u gevrek bir beyaz şarapla eşleştirin ve tatmin edici ve eksiksiz bir yemek için biraz sarımsaklı ekmek yanında servis edin.

38.Karides Carbonara

Yapım: 6

İÇİNDEKİLER:

- ¼ fincan zeytinyağı, bölünmüş
- 1 lb. tavuk küpleri
- 4 Yemek kaşığı kıyılmış sarımsak, bölünmüş
- 1 çay kaşığı kekik
- 1 çay kaşığı kekik
- 1 çay kaşığı fesleğen
- 1 lb. soyulmuş ve kabuğu çıkarılmış karides
- 16 oz. linguine
- 6 dilimlenmiş doğranmış pastırma
- Tatmak için biber ve tuz
- 1 doğranmış soğan
- 1 su bardağı dilimlenmiş mantar
- 1 adet doğranmış kırmızı dolmalık biber
- 2 bardak ağır krema
- 1 bardak süt
- 1 ½ su bardağı rendelenmiş parmesan peyniri
- 2 yumurta sarısı
- 1 bardak beyaz şarap.

TALİMATLAR:

a) Geniş bir tavada 2 yemek kaşığı zeytinyağını ısıtın.
b) Sarımsakların yarısını soteleyin ve kekik, kekik ve fesleğen ile baharatlayın.
c) Tavukları ekleyip 10 dakika kadar kısık ateşte pişirin.
ç) Tavukları bir tabağa koyun ve bir kenara koyun.
d) Aynı tavayı kullanarak 2 yemek kaşığı zeytinyağını ısıtın ve kalan sarımsakları 2 dakika soteleyin.
e) Karidesleri karıştırın ve 6 dakika kısık ateşte pişirin.
f) Karidesleri tavukla birlikte aktarın.
g) Linguini tuzlu su dolu bir tencerede 12 dakika pişirin.
ğ) Yine aynı tavayı kullanarak pastırmayı pişene kadar yaklaşık 5 dakika kızartın.
h) Pastırmayı bir kağıt havluya boşaltın ve ufalayın. Bir kenara koyun.
ı) Soğanı, dolmalık biberi ve mantarı tavada pastırma yağıyla birlikte 5 dakika soteleyin.
i) Ağır krema, süt, parmesan peyniri, yumurta sarısı, tuz ve karabiberi bir kasede birleştirin.
j) Şarabı tavadaki soğan, biber ve mantara ekleyin ve kaynatın.
k) 5 dakika kadar kısık ateşte pişirin.
l) Ağır krema karışımını karıştırın ve 5 dakika pişirin.
m) Karidesleri ve tavuğu tekrar tavaya alın ve sosla kaplayın.
n) Karides ve tavuğu makarnayla birlikte servis edin.

39.Linguine ve İstiridye Sosu

Yapım: 4

İÇİNDEKİLER:
- 16 oz. linguini
- 1 Yemek kaşığı zeytinyağı
- 1 doğranmış soğan
- 5 diş kıyılmış sarımsak
- ½ bardak tereyağı
- Tatmak için biber ve tuz
- ¼ bardak sek beyaz şarap
- ¼ bardak deniz tarağı suyu
- 1 ½ su bardağı doğranmış istiridye
- 1 çay kaşığı kırmızı biber gevreği

TALİMATLAR:
a) Linguinileri tuzlu su dolu bir tencerede 10 dakika kadar pişirin. Boşaltmak.
b) Zeytinyağını tavada ısıtıp soğan ve sarımsağı 5 dakika soteleyin.
c) Tereyağı, tuz, karabiber, şarap ve deniz tarağı suyunu ekleyin.
ç) 25 dakika kaynatın. Sos azaltılmalı ve koyulaştırılmalıdır.
d) İstiridyeleri karıştırın ve 5 dakika pişirin.
e) Linguinileri bir kaseye koyun ve deniz tarağı sosuyla kaplayın.
f) Üzerine kırmızı pul biber serperek servis yapın.

MELEK SAÇ MAKARNA

40.Tek Tavada Makarna

yapar: 5 porsiyon

İÇİNDEKİLER:
- 1-1/2 pound öğütülmüş hindi
- 1 orta boy soğan, ince doğranmış
- 1 orta boy tatlı kırmızı biber, ince doğranmış
- 1 kutu (28 ons) doğranmış domates, süzülmemiş
- 1 kutu (14-1/2 ons) ateşte kavrulmuş doğranmış domates, süzülmemiş
- 1 kutu (14-1/2 ons) sodyumu azaltılmış sığır suyu
- 1 kutu (4 ons) dilimlenmiş mantar, süzülmüş
- 1 yemek kaşığı paketlenmiş esmer şeker
- 1 yemek kaşığı biber tozu
- 8 ons pişmemiş melek kılı makarna
- 1 su bardağı rendelenmiş kaşar peyniri

TALİMATLAR:

a) Büyük bir dökme demir veya başka bir ağır tavada hindiyi, soğanı ve biberi orta ateşte et artık pembeleşmeyene kadar pişirin; boşaltmak.

b) Domatesleri, et suyunu, mantarları, esmer şekeri ve kırmızı biber tozunu ekleyin. Kaynatın. Isıyı azaltın; 30 dakika boyunca kapağın altında pişirin.

c) Makarna ekleyin; kaynamaya dönün. Isıyı azaltın; Kapağını kapatıp makarna yumuşayana kadar 30-35 dakika pişirin. Peynir serpin. Kapağını kapatıp peynir eriyene kadar 2-3 dakika daha pişirin.

41.Melek Saçlı Karides Fırında

İÇİNDEKİLER : _

- 1 paket (9 ons) buzdolabında melek kılı makarna
- 1-1/2 pound pişmemiş orta boy karides, soyulmuş ve ayrılmış
- 3/4 su bardağı ufalanmış beyaz peynir
- 1/2 bardak rendelenmiş İsviçre peyniri
- 1 kavanoz (16 ons) tıknaz salsa
- 1/2 bardak rendelenmiş Monterey Jack peyniri
- 3/4 su bardağı kıyılmış taze maydanoz
- 1 çay kaşığı kurutulmuş fesleğen
- 1 çay kaşığı kurutulmuş kekik
- 2 büyük yumurta
- 1 su bardağı yarım buçuk krema
- 1 su bardağı sade yoğurt
- İsteğe göre kıyılmış taze maydanoz

TALİMATLAR:

a) Yağlanmış 13x9 inçlik. pişirme kabı, makarnanın yarısını, karidesi, beyaz peyniri, İsviçre peynirini ve salsayı katlayın. Katmanları tekrarlayın. Monterey Jack peyniri, maydanoz, fesleğen ve kekik serpin.

b) Küçük bir kapta yumurtaları, kremayı ve yoğurdu çırpın; güvecin üzerine dökün. Termometre 160°, 25-30 dakika okuyana kadar 350°'de üstü açık pişirin. Servis yapmadan önce 5 dakika bekletin. İstenirse üzerine kıyılmış maydanoz serpilir.

42.Karides Scampi Tava

İÇİNDEKİLER:

- 5 Yemek Kaşığı Tereyağı
- 2 Yemek Kaşığı Zeytinyağı
- ½ bütün Orta Boy Soğan, İnce Doğranmış
- 4 diş sarımsak, kıyılmış
- 1 kiloluk Büyük Karides, soyulmuş ve ayrılmış
- ½ bardak Beyaz Şarap
- 4 çizgi Acı Sos
- 2 bütün limon, suyu sıkılmış
- Tatlandırmak için Tuz ve Taze Öğütülmüş Karabiber
- 8 ons, ağırlık Angel Hair Makarna
- Tadına göre doğranmış taze fesleğen
- Tadına göre doğranmış taze maydanoz
- ½ su bardağı Taze Rendelenmiş Parmesan Peyniri

TALİMATLAR:

a) Zeytinyağını ısıtın ve tereyağını büyük bir tavada orta ateşte eritin. Soğan ekleyin

b) & sarımsak ve iki veya üç dakika veya soğanlar yarı saydam oluncaya kadar pişirin. Karidesleri ekleyin, ardından karıştırın ve birkaç dakika pişirin. Limon suyunu sıkın. Şarap, tereyağı, tuz, karabiber ve acı sos ekleyin. İsteğe göre daha fazla acı sos ekleyebilirsiniz. Karıştırın ve ısıyı en aza indirin.

c) Kaynayan suya melek kılı makarnayı atın. Tamamen bitene kadar/AL dente pişirin.

ç) Bir veya iki bardak makarna suyunu ayırarak boşaltın.

d) Tavayı ocaktan alın. Makarnayı ekleyin ve inceltilmesi gerekiyorsa bir miktar makarna suyu ekleyerek atın. Baharatları tadın, gerekirse tuz ve karabiber ekleyin.

e) Geniş servis tabağına dökün ve üzerine taze rendelenmiş Parmesan peyniri ve kıyılmış maydanozu ekleyin. Derhal servis yapın. Eğlence.

GNOCCHİ

43.Tek Tavada Kremalı Tavuk ve Gnocchi

yapar: 4 porsiyon

İÇİNDEKİLER:
- 1 1/2 lb. kemiksiz derisiz tavuk göğsü
- Kaşer tuzu
- Taze çekilmiş karabiber
- 2 yemek kaşığı sızma zeytinyağı (bölünmüş)
- 1 küçük arpacık soğanı, doğranmış
- 8 oz. bebek bella mantarı, dilimlenmiş
- 2 diş sarımsak, kıyılmış
- 2 çay kaşığı. taze kekik yaprakları
- 1 çay kaşığı. kurutulmuş kekik
- 1 bardak düşük sodyumlu tavuk suyu
- 1 1/4 bardak yarım ve yarım
- Bir tutam ezilmiş kırmızı biber gevreği
- 1 (17 oz.) paket gnocchi
- 3/4 bardak rendelenmiş mozzarella
- 1/2 bardak taze rendelenmiş Parmesan
- 3 su bardağı paketlenmiş bebek ıspanak

TALİMATLAR:

a) Tavukların her iki tarafını tuz ve karabiberle tatlandırın. Orta-yüksek ateşte büyük bir tavada 1 yemek kaşığı yağı ısıtın. Tavuğu ekleyin ve her tarafı yaklaşık 4 dakika, altın rengi oluncaya kadar pişirin. Tavuğu tavadan çıkarın.

b) Isıyı orta seviyeye düşürün ve kalan 1 yemek kaşığı yağı ekleyin. Arpacık soğanı ve mantarları ekleyin ve altın rengi oluncaya kadar pişirin, bu yaklaşık 5 dakika sürer. Sarımsak, kekik ve kekik ekleyin ve kokusu çıkana kadar bir dakika daha pişirin. Tavuk suyunu dökün ve tavanın dibindeki kahverengi parçaları kazıyın. Yavaş yavaş yarı yarıya ekleyin. Karışımı kaynama noktasına getirin ve tuz, karabiber ve bir tutam kırmızı biber gevreği ile tatlandırın. Gnocchi'yi karıştırın ve tavuğu tavaya geri koyun. Tavuk, 165°F iç sıcaklıkta tamamen pişene kadar kaynamaya bırakın; bu 8 ila 10 dakika sürecektir. Ara sıra karıştır. Tavuklar piştikten sonra ocaktan alın.

c) Mozzarella ve Parmesan peynirlerini ekleyip eriyene kadar karıştırın. Daha sonra ıspanakları ekleyip suyunu çekene kadar karıştırın.

ç) Tavuğu dilimleyin ve tavaya geri koyun. Tatmak için daha fazla tuz ve karabiber ekleyin.

44.Bitki pestolu gnocchi

1 porsiyon
İÇİNDEKİLER:
- 6 litre Tuzlu su
- gnocchi
- ½ bardak Tavuk suyu veya ayrılmış gnocchi pişirme suyu
- 3 yemek kaşığı Tuzsuz tereyağı
- 1 fincan Çalı fasulyesi
- 6 yemek kaşığı Bitki Pesto
- Tuz ve biber
- ½ bardak Taze rendelenmiş Parmigiano-Reggiano peyniri

TALİMATLAR:
a) Tuzlu suyu kaynatın ve ardından gnocchi'yi ekleyin. Gnocchi'leri, tencerenin yüzeyine çıktıktan yaklaşık 1 dakika sonra yumuşayana kadar hafifçe karıştırarak pişirin.

b) Bu arada, büyük, derin bir tavada et suyunu ve tereyağını orta ateşte kaynatın. Fasulyeleri ve pestoyu ekleyin ve tuz ve karabiberle tatlandırın. Kaynatın ve ocaktan alın.

c) Gnocchi'yi sudan çıkarın ve tavaya ekleyin. Sosla kaplanana kadar ısıtın. Ateşten alıp peyniri ekleyip karıştırın. Derhal servis yapın.

45.Adaçayı ve Mascarpone Gnocchi

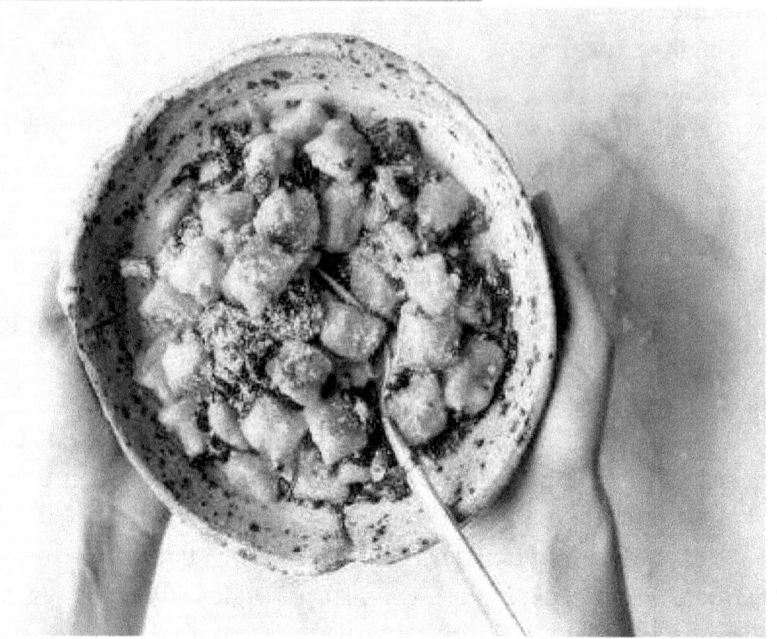

Yapım: 12

İÇİNDEKİLER:

- 1 lb balkabağı
- 1/2 su bardağı tuzsuz tereyağı
- 1 su bardağı mascarpone peyniri
- 1 tutam acı biber
- 1/2 bardak ince rendelenmiş Parmigiano-Reggiano
- tatmak için tuz ve öğütülmüş karabiber
- peynir
- 1/4 bardak ince dilimlenmiş taze adaçayı yaprağı
- 2 büyük yumurta
- 1 yemek kaşığı ince rendelenmiş Parmigiano-Reggiano
- 1 1/2 çay kaşığı tuz
- peynir
- 1/2 çay kaşığı öğütülmüş karabiber
- 1 su bardağı çok amaçlı un, bölünmüş

TALİMATLAR:

a) Bal kabağının sap kısmını kesip uzunlamasına ikiye bölün.
b) Mikrodalgaya dayanıklı bir tabağa balkabağını yerleştirin.
c) Plastik bir ambalajla kabı örtün ve mikrodalgayı yaklaşık 8 dakika pişirin.
ç) Kabağı soğuması için kağıt havluyla kaplı bir tabağa aktarın, ardından kabuğunu soyun.
d) Bir kaseye mascarpone peyniri, 1/2 su bardağı Parmigiano-Reggiano peyniri, yumurta, tuz ve karabiberi ekleyip pürüzsüz hale gelinceye kadar çırpın.
e) Balkabağını ekleyin ve iyice birleşene kadar çırpın.
f) 1/2 bardak unu ekleyin ve birleşene kadar çırpın.
g) Kalan 1/2 bardak unu ekleyin ve birleşene kadar karıştırın.
ğ) En az 8 saat boyunca buzdolabında saklayın.
h) Büyük bir tavaya tuzlu suyu ekleyip kaynatın.
ı) Büyük yapışmaz bir tavada tereyağının yaklaşık 1/3'ünü eritin ve ocaktan alın.
i) yaklaşık 1 1/2 çay kaşığı alın ve ikinci bir kaşıkla hamuru itin ve kaynar suya koyun.
j) Kalan hamurla gruplar halinde tekrarlayın.
k) Gnocchi suyun yüzeyine çıkınca 1 dakika daha pişirin.
l) Delikli bir kaşıkla gnocchi'yi eritilmiş tereyağının bulunduğu tavaya aktarın.
m) Tavayı orta-yüksek ateşte yerleştirin ve gnocchi'yi yaklaşık 3 dakika pişirin.
n) Acı biber, tuz ve karabiber serpin.
o) Gnocchi'yi çevirin ve adaçayı yapraklarını karıştırın.
ö) Yaklaşık 2-3 dakika pişirin.
p) Gnocchi'yi bir tabağa aktarın ve tavada kızartılmış tereyağını gezdirin.
r) yemek kaşığı Parmigiano-Reggiano peyniri ile süsleyerek servis yapın.

FETTUÇİNİ

46. Klasik Alfredo

Yapım: 8
İÇİNDEKİLER:
- 6 derisiz, kemiksiz yarım tavuk göğsü
- 3/4 çay kaşığı öğütülmüş beyaz biber
- 3 C. süt
- 6 Yemek kaşığı tereyağı, bölünmüş
- 1 bardak yarım buçuk
- 4 diş sarımsak, kıyılmış, bölünmüş
- 3/4 C. rendelenmiş Parmesan peyniri
- 1 yemek kaşığı İtalyan baharatı
- 8 oz. rendelenmiş Monterey Jack peyniri
- 1 lb. fettuccini makarna
- 3 Roma (erik) domates, doğranmış
- 1 soğan, doğranmış
- 1/2 bardak ekşi krema
- 1 (8 oz.) paket dilimlenmiş mantar
- 1/3 bardak çok amaçlı un
- 1 Yemek kaşığı tuz

TALİMATLAR:
a) Tavuğunuzu 2 yemek kaşığı tereyağı ve 2 parça sarımsak ile İtalyan baharatıyla kapladıktan sonra karıştırın.
b) Eti tamamen pişene kadar karıştırarak kızartın ve ardından her şeyi bir kenara koyun.
c) Şimdi makarnanızı su ve tuzla 9 dakika haşlayın ve ardından tüm sıvıları çıkarın.
ç) Aynı zamanda soğanlarınızı 4 yemek kaşığı tereyağında mantar ve 2 parça sarımsakla birlikte karıştırarak kavurun.
d) Soğanlar görünene kadar karışımı kızartmaya devam edin, ardından biberinizi, tuzunuzu ve ununuzu birleştirin.
e) Karışımı 4 dakika boyunca karıştırın ve pişirin. Daha sonra yavaş yavaş yarım buçuk ve sütü ekleyin ve her şey pürüzsüz hale gelinceye kadar karıştırın.
f) Monterey ve parmesanı birleştirin ve karışımın peynir eriyene kadar pişmesine izin verin, ardından tavuğu, ekşi kremayı ve domatesleri ekleyin.
g) Makarnanızı tavuk karışımı ve sosla cömertçe servis edin.

47.Crimini Makarna Fırında

Yapım: 6
İÇİNDEKİLER:
- 8 adet crimini mantarı
- 1/3 bardak parmesan peyniri, rendelenmiş
- 1 bardak brokoli çiçeği
- 3 yemek kaşığı Provence otları
- 1 bardak ıspanak, taze yaprak, sıkıca paketlenmiş
- 2 Yemek kaşığı sızma zeytinyağı
- 2 adet jülyen doğranmış kırmızı biber
- 1 Yemek kaşığı tuz
- 1 büyük soğan, doğranmış
- 1/2 yemek kaşığı biber
- 1 su bardağı mozzarella peyniri, rendelenmiş
- 1 su bardağı domates sosu
- 2/3 lb. makarna (fettuccine veya penne işe yarar)

TALİMATLAR:
a) Herhangi bir şey yapmadan önce fırını 450 F'ye ayarlayın. Güveç kabını yağ veya pişirme spreyi ile yağlayın.
b) Büyük bir karıştırma kabı alın: Mantarları, brokoliyi, ıspanağı, biberi ve soğanı içine atın.
c) 1 yemek kaşığı zeytinyağı, tuz, karabiber ekleyip tekrar fırlatın.
ç) Yağlanmış kalıba sebzeleri yayın ve fırında 10 dakika pişirin.
d) Makarnayı dente haline gelinceye kadar pişirin. Makarnayı süzün ve bir kenara koyun.
e) Büyük bir karıştırma kabı alın: 1 yemek kaşığı zeytinyağını pişmiş sebzeler, makarna, otlar ve mozzarella peyniri ile karıştırın. Karışımı tekrar güveç kabına yayın.
f) Üzerine kaşar peyniri serpip 20 dakika kadar pişirin. Sıcak olarak servis yapın ve afiyetle yiyin.

48.Tek Tencerede Sarımsaklı Parmesanlı Makarna

İÇİNDEKİLER:

- 2 yemek kaşığı tuzsuz tereyağı
- 4 diş sarımsak, ince kıyılmış
- 2 su bardağı tavuk suyu (470 mL)
- 1 su bardağı süt (235 mL)
- 8 oz fettuccine (225 g)
- Tatmak için tuz
- Zevkinize biber
- ¼ bardak rendelenmiş parmesan peyniri (25 gr)
- 2 yemek kaşığı taze maydanoz, doğranmış

TALİMATLAR:

a) Büyük bir tavada tuzsuz tereyağını orta-yüksek ateşte ısıtın. Kıyılmış sarımsağı ekleyin ve kokusu çıkana kadar (yaklaşık 1-2 dakika) sık sık karıştırarak pişirin.

b) Tavaya tavuk suyu, süt ve fettuccini ekleyin. Tuz ve karabiberle tatlandırın.

c) Karışımı kaynatın, ardından ısıyı azaltın ve makarna tamamen pişene kadar (yaklaşık 18-20 dakika) ara sıra karıştırarak kaynamaya bırakın.

ç) Rendelenmiş Parmesan peynirini karıştırın. Karışım çok yoğunsa, gerektiği kadar süt ekleyerek kıvamını ayarlayın.

d) Hemen servis yapın ve taze kıyılmış maydanozla süsleyin.

e) Bu lezzetli ve basit yemeğin tadını çıkarın!

49.Tek Kapta Tavuk Pastırmalı Fettuccine Alfredo

Yapan: 6 kişi

İÇİNDEKİLER:
- 8 dilim pastırma, doğranmış ve yağları kesilmiş
- 2 büyük tavuk göğsü, 1 inçlik parçalar halinde doğranmış
- 4 diş sarımsak, kıyılmış
- 2 çay kaşığı Kosher tuzu
- 1 çay kaşığı biber
- 6 1/2 bardak süt (tam yağlı veya %2); yarım buçuk da kullanabilirsiniz
- 500 gr (1 pound) kuru fettuccine makarna
- 1 büyük baş brokoli, sapı çıkarılmış halde çiçekleri halinde kesilmiş
- 1 su bardağı taze rendelenmiş parmesan peyniri

TALİMATLAR:
a) Büyük bir tencerede veya tencerede pastırmayı orta-yüksek ateşte gevrekleşinceye kadar kızartın.
b) Küp doğranmış tavukları ekleyip iyice pişene kadar soteleyin. Kıyılmış sarımsağı ekleyin ve kokusu çıkana kadar (yaklaşık 2 dakika) pişirin. Tuz ve karabiberle tatlandırın.
c) Sütü dökün, karıştırın ve hafif bir kaynamaya getirin. Hemen ısıyı azaltın ve fettuccine makarnayı ekleyin.
ç) Ara sıra 5-6 dakika veya makarna yumuşayıp bükülmeye başlayana kadar karıştırın. Brokoliyi ekleyin, karıştırın ve tencerenin kapağını kapatın. Makarna pişip al dente kıvamına gelinceye kadar (yaklaşık 7 dakika daha) ara sıra karıştırarak pişirmeye devam edin.
d) Parmesan peynirini ekleyip sosun içinde eriyene kadar karıştırın. Sos çok koyulaşırsa gerektiği kadar süt ekleyin.
e) İstenirse ekstra biber ve Parmesan peyniri ile servis yapın.
f) Bu klasik yemeğin tüm lezzeti ve daha az telaşıyla daha sağlıklı bir versiyonunun tadını çıkarın.

50.Mantarlı Fettuccine

yapar: 8 porsiyon

İÇİNDEKİLER:
- 1/2 bardak Land O Lakes® Tereyağı (bölünmüş)
- 2 diş taze kıyılmış sarımsak (veya bir tutam sarımsak tuzu)
- 16 ons taze dilimlenmiş mantar
- 1 su bardağı ağır krem şanti
- 1 kilo fettuccine
- 1/2 su bardağı parmesan peyniri
- 1 su bardağı ayrılmış makarna suyu
- 1 çay kaşığı tuz (damak tadınıza göre ayarlayın)
- Taze çekilmiş karabiber
- Üzeri için taze maydanoz

TALİMATLAR:
a) Mantarları temizleyerek başlayın. Büyük bir tavada 2 yemek kaşığı tereyağını eritip sarımsak ve mantarları ekleyin. Mantarlar yumuşayıp koyu kahverengi bir renk alana kadar soteleyin, bu yaklaşık 10-15 dakika sürecektir.

b) Kremayı ve kalan tereyağını tavaya ekleyin. Kısık ateşte kaynamaya bırakın.

c) Mantar sosunuz kaynarken, fettucini büyük bir tencerede paketin üzerindeki talimatlara göre pişirin. Pişirdikten sonra fettucini süzün, az miktarda makarna suyunu ayırın ve tavaya geri koyun.

d) Mantar sosunu tavada sıcak fettuccine ile birleştirin. Maşa kullanarak her şeyi bir araya atın. İstenilen kıvamı elde etmek için gerektiği kadar Parmesan peyniri ve 1 bardak kadar ayrılmış makarna suyu ekleyin. Tuz ve taze çekilmiş karabiber ile tatlandırın.

e) Artık ocağın başında durabilir ve bu lezzetli yemeğin tadını doğrudan tavadan çıkarabilirsiniz. Bu kadar iyi!

RİGATONİ MAKARNASI

51.Romano Rigatoni Güveç

Yapım: 6

İÇİNDEKİLER:
- 1 lb. öğütülmüş sosis
- 1/4 bardak Romano peyniri, rendelenmiş
- 1 (28 oz.) kutu İtalyan usulü domates sosu
- süslemek için kıyılmış maydanoz
- 1 (14 1/2 oz.) konserve cannellini fasulyesi, süzülmüş ve durulanmış
- 1 (16 oz.) KUTU rigatoni makarnası
- 1/2 çay kaşığı kıyılmış sarımsak
- 1 çay kaşığı İtalyan baharatı
- 3 C. rendelenmiş mozzarella peyniri

TALİMATLAR:
a) Herhangi bir şey yapmadan önce fırını 350 F'ye ayarlayın. Büyük bir güveç kabını biraz tereyağı veya sıvı yağla yağlayın.
b) Büyük bir tencereyi orta ateşte yerleştirin. Sarımsakları sosislerle birlikte ekleyip 6 dakika pişirin.
c) Domates sosunu, fasulyeyi ve İtalyan baharatını ekleyip kısık ateşte 5 dakika pişirin.
ç) Makarnayı üreticinin talimatlarına göre pişirin. Makarnayı süzüp tencereye oturtun.
d) Sosisli makarna karışımının yarısını yağlanmış güvece dökün ve üzerine mozzarella peynirinin yarısını ekleyin. Başka bir katman oluşturmak için işlemi tekrarlayın.
e) Güveçin üzerine romano peyniri koyun ve üzerine bir parça folyo koyun. Rigatoni güvecini fırında 26 dakika pişirin.
f) Rigatoni'nizi sıcak olarak servis edin.

52.Vegan Rigatoni Fesleğen

Yapım: 6

İÇİNDEKİLER:

- 1 1/2 (8 oz.) paket rigatoni makarnası
- 6 yaprak taze fesleğen, ince dilimlenmiş
- 2 yemek kaşığı zeytinyağı
- 6 dal taze kişniş, kıyılmış
- 2 diş sarımsak, kıyılmış
- 1/4 su bardağı zeytinyağı
- 1/2 (16 oz.) paket tofu, süzülmüş ve küp şeklinde
- 1/2 çay kaşığı kurutulmuş kekik
- 1 1/2 çay kaşığı soya sosu
- 1 küçük soğan, ince dilimlenmiş
- 1 büyük domates, küp şeklinde
- 1 havuç, doğranmış

TALİMATLAR:

a) Makarnayı paketin üzerindeki tarife göre pişirin.

b) Büyük bir tavayı orta ateşte yerleştirin. İçerisine 2 yemek kaşığı zeytinyağını ısıtın. Sarımsakları ekleyin ve 1 dakika 30 saniye pişirin.

c) Kekiği tofu ile karıştırın. 9 dakika pişirin. Soya sosunu karıştırın ve ateşi kapatın.

ç) Büyük bir karıştırma kabı alın: Rigatoni, tofu karışımı, soğan, domates, havuç, fesleğen ve kişnişi içine atın. Zeytinyağını makarna salatasının üzerine gezdirip servis yapın.

DİRSEK MAKARNA

53.BLT Makarna Salatası

Yapım: 6

İÇİNDEKİLER:
- 2 su bardağı dirsek makarna
- 1 ¼ su bardağı mayonez
- 2 Yemek kaşığı balzamik sirke
- 1 su bardağı ikiye bölünmüş kiraz domates
- ¼ bardak doğranmış kırmızı dolmalık biber
- 3 Yemek kaşığı kıyılmış dereotu
- ½ su bardağı rendelenmiş kaşar peyniri
- Tatmak için biber ve tuz
- ½ çay kaşığı dereotu
- 10 pastırma dilimi
- 8 oz. doğranmış marul

TALİMATLAR:
a) Makarnayı tuzlu su dolu bir tencerede 10 dakika kadar haşlayın. Süzüp bir salata kasesine aktarın.
b) Makarnaya mayonez, balzamik sirke, domates, dolmalık biber, yeşil soğan, peynir, tuz, karabiber ve dereotu ekleyin ve birleştirmek için iyice karıştırın.
c) 3 saat soğutun.
ç) Pastırmayı çıtır çıtır olana kadar 10 dakika kızartın.
d) Pastırmayı boşaltın ve soğumaya bırakın, ardından pastırmayı ufalayın.
e) Salatayı ufalanmış pastırma ile doldurun.
f) Marul üzerinde servis yapın.

54.Ispanaklı ve enginarlı makarna ve peynir

Yapar: 6 ila 8

İÇİNDEKİLER:
- 6 yemek kaşığı tuzlu tereyağı, oda sıcaklığında, ayrıca yağlama için daha fazlası
- Makarna gibi 1 (1 pound) kutu kısa kesilmiş makarna
- 2 bardak tam yağlı süt
- 1 (8 ons) paket krem peynir, küp şeklinde
- 3 su bardağı rendelenmiş keskin kaşar peyniri
- Kaşer tuzu ve taze çekilmiş karabiber
- Öğütülmüş acı biber
- 2 su bardağı paketlenmiş taze bebek ıspanak, doğranmış
- 1 (8 ons) kavanoz marine edilmiş enginar, süzülmüş ve kabaca doğranmış
- 1½ bardak ezilmiş Ritz kraker (yaklaşık 1 kollu)
- ¾ çay kaşığı sarımsak tozu

TALİMATLAR:
a) Fırını önceden 375°F'ye ısıtın. 9 × 13 inçlik bir pişirme kabını yağlayın.
b) Büyük bir tencerede 4 bardak tuzlu suyu yüksek ateşte kaynatın. Makarnayı ekleyin ve ara sıra karıştırarak 8 dakika pişirin. Sütü ve krem peyniri ilave edip krem peynir eriyene ve makarna al dente olana kadar yaklaşık 5 dakika daha pişirin.
c) Tavayı ocaktan alıp 2 su bardağı çedar peyniri ve 3 yemek kaşığı tereyağını ekleyip karıştırın. Tuz, karabiber ve kırmızı biberle tatlandırın. Ispanak ve enginarları karıştırın. Sos çok koyu geliyorsa, ¼ bardak süt veya su ekleyerek inceltin.
ç) Karışımı hazırlanan pişirme kabına aktarın. Geriye kalan 1 bardak kaşarı üstüne ekleyin.
d) Orta boy bir kapta krakerleri, kalan 3 yemek kaşığı tereyağını ve sarımsak tozunu karıştırın. Kırıntıları mac ve peynirin üzerine eşit şekilde serpin.
e) Sos köpürene ve kırıntılar altın rengini alana kadar yaklaşık 20 dakika pişirin. 5 dakika soğumaya bırakın ve servis yapın. Artıkları buzdolabında hava geçirmez bir kapta 3 güne kadar saklayın.

55.Acılı Mac Güveç

İÇİNDEKİLER:

- 1 su bardağı pişmemiş dirsek makarna
- 2 pound yağsız kıyma (%90 yağsız)
- 1 orta boy soğan, doğranmış
- 2 diş sarımsak, kıyılmış
- 1 kutu (28 ons) doğranmış domates, süzülmemiş
- 1 kutu (16 ons) barbunya fasulyesi, durulanmış ve süzülmüş
- 1 kutu (6 ons) domates salçası
- 1 kutu (4 ons) doğranmış yeşil biber
- 1-1/4 çay kaşığı tuz
- 1 çay kaşığı biber tozu
- 1/2 çay kaşığı öğütülmüş kimyon
- 1/2 çay kaşığı biber
- 2 su bardağı rendelenmiş yağı azaltılmış Meksika peyniri karışımı
- İsteğe göre ince dilimlenmiş yeşil soğan

TALİMATLAR:

a) Makarnayı paket talimatlarına göre pişirin. Bu arada, yapışmaz büyük bir tavada sığır eti, soğan ve sarımsağı orta ateşte, et artık pembe olmayıncaya kadar pişirin, eti parçalara ayırın; boşaltmak. Domatesleri, fasulyeyi, salçayı, biberi ve baharatları ekleyip karıştırın. Makarnayı boşaltın; sığır eti karışımına ekleyin.

b) 13x9 inç'e aktarın. pişirme spreyi ile kaplanmış pişirme kabı. Kapağını kapatıp 375°'de kabarcıklar çıkana kadar 25-30 dakika pişirin. Ortaya çıkarmak; peynir serpin. Peynir eriyene kadar pişirin, 5-8 dakika daha uzun. İstenirse üzerine dilimlenmiş yeşil soğan konulabilir.

ZİTİ MAKARNA

56. Fırında Ziti

Yapar: 10

İÇİNDEKİLER:

- 1 lb. ziti makarnası
- 1 Yemek kaşığı zeytinyağı
- 1 lb. kıyma
- Tatmak için biber ve tuz
- ½ çay kaşığı sarımsak tuzu
- ½ çay kaşığı sarımsak tozu
- 1 doğranmış soğan
- 6 su bardağı domates sosu
- ½ çay kaşığı kekik
- ½ çay kaşığı fesleğen
- 1 su bardağı ricotta peyniri
- 1 çırpılmış yumurta
- 1 fincan. rendelenmiş mozarella peyniri
- ¼ bardak rendelenmiş pecorino peyniri

TALİMATLAR:

a) Ziti'yi tuzlu su dolu bir tencerede 10 dakika kaynatın. Suyu boşaltmak.
b) Zeytinyağını bir tencerede ısıtın.
c) Sığır eti tuz, karabiber, sarımsak tuzu ve sarımsak tozuyla tatlandırın.
ç) Et ve soğanı tencerede 5 dakika kadar kavurun.
d) Domates sosunu dökün ve kekik ve fesleğen ile tatlandırın.
e) 25 dakika kaynatın.
f) Fırını 350 dereceye kadar önceden ısıtın.
g) Yumurtayı ve ricotta peynirini birlikte çırpın.
ğ) Pecorino peynirini serpin.
h) Makarnanın yarısını ve sosun yarısını bir fırın tepsisine aktarın.
ı) Ricotta peynirinin yarısını ekleyin.
i) Üzerine mozzarella peynirinin yarısını ekleyin.
j) Başka bir makarna, sos ve mozzarella tabakası oluşturun.
k) 25 dakika pişirin. Peynirler kabarcıklı olmalıdır.

57.Provolon Ziti Fırında

İçindekiler : _
- 1 yemek kaşığı zeytinyağı
- 1 orta boy soğan, doğranmış
- 3 diş sarımsak, kıyılmış
- 2 kutu (her biri 28 ons) İtalyan ezilmiş domates
- 1-1/2 su bardağı su
- 1/2 bardak sek kırmızı şarap veya azaltılmış sodyumlu et suyu
- 1 yemek kaşığı şeker
- 1 çay kaşığı kurutulmuş fesleğen
- 1 paket (16 ons) ziti veya küçük tüp makarna
- 8 dilim provolon peyniri

TALİMATLAR:

a) Fırını 350°'ye önceden ısıtın. 6-qt'de. stok kabı, yağı orta-yüksek ateşte ısıtın. Soğan ekleyin; 2-3 dakika veya yumuşayana kadar pişirin ve karıştırın. Sarımsak ekleyin; 1 dakika daha pişirin. Domates, su, şarap, şeker ve fesleğeni karıştırın. Kaynatın; ateşten alın. Pişmemiş zitiyi karıştırın.

b) 13x9 inç'e aktarın. pişirme spreyi ile kaplanmış pişirme kabı. Kapağı kapalı olarak 1 saat pişirin. Üzerine peynir ekleyin. Kapağı açık olarak 5-10 dakika daha uzun süre veya ziti yumuşayana ve peynir eriyene kadar pişirin.

58.Dana Ziti Güveç

Yapım: 1 Porsiyon

İÇİNDEKİLER:
- 8 ons pişmemiş Ziti makarnası
- 1 kutu (16 oz.) kesilmiş Yeşil Fasulye, süzülmüş
- 1 kutu (11 oz.) Yeşil Dev Niblet Mısır, süzülmüş
- 1 kilo kıyma
- 2 kutu (her biri 10 3/4 oz.) Campbell's Yoğunlaştırılmış Altın Mantar Çorbası
- 1 kutu (14 1/2 oz.) Del Monte Haşlanmış Domates (tercihe göre iri makarna stili veya İtalyan stili)
- 1 çay kaşığı ezilmiş Kurutulmuş Fesleğen Yaprağı
- ¼ çay kaşığı biber
- ½ çay kaşığı Sarımsak Tozu
- 2 su bardağı rendelenmiş keskin kaşar peyniri

TALİMATLAR:

a) Fırını önceden 400 dereceye ısıtın.

b) Ziti makarnasını paketin üzerindeki talimatlara göre pişirin, ardından süzün.

c) Pişmiş Ziti'yi, süzülmüş yeşil fasulyeleri ve mısırı Ziti için kullanılan tencereye geri koyun.

ç) Orta ateşte 10 inçlik bir tavada kıymayı kahverengileştirin, parçalamak için karıştırın; daha sonra yağı boşaltın.

d) Altın Mantar Çorbası, haşlanmış domates, kurutulmuş fesleğen, biber ve sarımsak tozunu pişmiş dana etinin içine karıştırın. Karışımı iyice ısıtın.

e) Çorba karışımını Ziti ve sebze karışımına ekleyin ve iyice karıştırın.

f) Karışımı yağlanmış 13 x 9 inçlik bir pişirme kabına kaşıkla dökün.

g) Çanağı folyo ile örtün ve 15 dakika pişirin.

ğ) Güvecin kapağını açın, üzerine rendelenmiş peynir serpin ve 5 dakika daha veya peynir eriyene kadar pişirin. Eğlence!

59.Fırında Ziti

Yapım: 6 Porsiyon

İÇİNDEKİLER:

- 1 pound pişmiş Ziti
- 1 kilo pişmiş kıyma
- 1 paket (15 oz) Ricotta Peyniri
- ¼ bardak maydanoz
- ½ su bardağı parmesan peyniri
- 1 yumurta
- 2 su bardağı rendelenmiş mozzarella peyniri
- 3 su bardağı dilediğiniz sos

TALİMATLAR:

a) Bir karıştırma kabında Ricotta peyniri, yumurta, maydanoz ve Parmesan peynirini birleştirin.
b) Pişen hamburgeri bu peynir karışımıyla dikkatlice karıştırın.
c) Pişmiş Ziti'yi karışıma ekleyin ve iyice birleştirin.
ç) Seçtiğiniz sosun ¾'ünü karıştırın.
d) Karışımı bir fırın tepsisine yayın.
e) Kalan sosu üstüne dökün.
f) Rendelenmiş Mozzarella peynirini sosun üzerine serpin.
g) 350°F'ta 30-35 dakika veya köpürene ve peynir eriyip hafifçe kızarana kadar pişirin.
ğ) Lezzetli Fırında Ziti'nizin tadını çıkarın!

60.Ziti Sosis Fırında

Yapım: 1 Porsiyon

İÇİNDEKİLER:

- Paket talimatlarına göre pişirilmiş 8 ons Ziti
- 4 bağlantı İtalyan sosisi (sıcak veya tatlı veya her ikisinin bir kombinasyonu)
- 1¾ bardak Yarım ve Yarım
- 1½ su bardağı Rendelenmiş Fontina Peyniri
- ½ su bardağı doğranmış yeşil biber (isteğe bağlı)
- Tatmak için biber ve tuz
- ¼ bardak rendelenmiş İtalyan peyniri

TALİMATLAR:

a) Ziti'yi paketin üzerindeki talimatlara göre pişirin ve boşaltın.
b) Sosisleri kabuğundan çıkarın, ufalayın ve bir tavada kızartın. Fazla yağı boşaltın.
c) Pişmiş makarnaya kızartılmış sosisi, doğranmış biberi (kullanıyorsanız), 1 su bardağı yarım buçuk, 1 su bardağı Fontina peyniri ve rendelenmiş İtalyan peyniri ile birlikte ekleyin. Her şeyi birlikte karıştırın.
ç) Karışımı tereyağlı 13x9 inçlik bir pişirme kabına dökün.
d) Çanağı kapatın ve 20 dakika boyunca 350°F'de pişirin.
e) Kabın kapağını açın ve üzerine kalan yarım buçuk ve Fontina peynirini ekleyin.
f) 10 dakika daha veya peynir eriyene ve tabak köpürene kadar pişirin.
g) Servis yapmadan önce 5 dakika bekletin.
ğ) Ziti Sosis Fırında'nın tadını çıkarın!

SPAGETTİ MAKARNA

61. Makarnalı Pesto Karides

Yapım: 4

İÇİNDEKİLER:
- 8 oz. Spagetti
- 2 diş kıyılmış sarımsak
- Tatmak için tuz
- 1 Yemek kaşığı zeytinyağı
- 8 oz. Kuşkonmaz
- 1 su bardağı dilimlenmiş beyaz mantar
- ¾ pound soyulmuş ve kabuğu çıkarılmış karides
- ⅛ çay kaşığı kırmızı biber
- ¼ fincan pesto – veya kendiniz hazırlayın
- 2 yemek kaşığı rendelenmiş parmesan peyniri

TALİMATLAR:
a) Spagettiyi kaynayan tuzlu suya atın ve 10 dakika kadar pişirin.
b) Spagettiyi boşaltın ancak makarna suyunun bir kısmını bir kenara bırakın.
c) Zeytinyağını bir tavada ısıtın.
ç) Sarımsak, kuşkonmaz ve mantarları 5 dakika veya yumuşayana kadar soteleyin.
d) Karidesleri tavaya ekleyin ve kırmızı biberle tatlandırın
e) 5 dakika pişirin.
f) Sıvı gerekiyorsa birkaç yemek kaşığı makarna suyu ekleyin.
g) Pesto sosu ve parmesan peynirini birleştirin.
ğ) Pestoyu karidesin içine karıştırın.
h) 5 dakika pişirin
ı) Spagettinin üzerinde servis yapın.

62.Ton Balıklı Makarna

Yapım: 4
İÇİNDEKİLER:
- 2 yemek kaşığı zeytinyağı
- 1 (7 oz.) kutu yağla paketlenmiş ton balığı, süzülmüş
- 1 hamsi filetosu
- 1/4 su bardağı doğranmış taze düz yapraklı maydanoz
- 2 yemek kaşığı kapari
- 1 (12 oz.) paket spagetti
- 3 diş kıyılmış sarımsak
- 1 yemek kaşığı sızma zeytinyağı veya damak tadınıza göre
- 1/2 bardak kuru beyaz şarap
- 1/4 bardak taze rendelenmiş Parmigiano-Reggiano
- 1/4 çay kaşığı kurutulmuş kekik
- peynir veya tadı
- 1 tutam kırmızı biber gevreği veya tadı
- 1 yemek kaşığı doğranmış taze düz yapraklı maydanoz veya tadına göre 3 C. ezilmiş İtalyan (erik) domates
- tatmak için tuz ve öğütülmüş karabiber
- 1 tutam acı biber veya tadı

TALİMATLAR:
a) Kapari ve hamsileri zeytinyağında 4 dakika karıştırarak kavurun, ardından sarımsakları ekleyip 2 dakika daha kızartmaya devam edin.
b) Şimdi biber gevreğini, beyaz şarabı ve portakalı ekleyin.
c) Karışımı karıştırın ve ısıyı artırın.
ç) Karışımı 5 dakika pişmeye bırakın, ardından domatesleri ekleyin ve karışımı hafif bir kaynamaya getirin.
d) Karışım kaynamaya başladıktan sonra ilave edin: kırmızı biber, karabiber ve tuz.
e) Isıyı düşük seviyeye ayarlayın ve her şeyin 12 dakika pişmesine izin verin.
f) Şimdi makarnanızı su ve tuzla 10 dakika haşlamaya başlayın, ardından tüm sıvıları çıkarın ve makarnayı tavada bırakın.
g) Kaynayan domatesleri makarnayla birleştirin ve tencerenin kapağını kapatın. Düşük ısı seviyesinde her şeyi 4 dakika ısıtın.
ğ) Makarnanızı servis ederken biraz Parmigiano-Reggiano, maydanoz ve zeytinyağıyla servis yapın.

63.Güneşli Sıcak Spagetti

Yapar: 2

İÇİNDEKİLER:
- 2 1/2 bardak pişmiş spagetti
- 1 çay kaşığı kekik
- 1/4 su bardağı zeytinyağı
- 1 çay kaşığı sarımsak granülü veya 2 yemek kaşığı taze sarımsak
- 8 adet sivri biber, ince kıyılmış
- 1/2 su bardağı spagetti sosu

TALİMATLAR:
a) Büyük bir tavayı orta ateşte yerleştirin. İçindeki yağı ısıtın. Biberli otları ekleyin ve 4 dakika pişirin .
b) Sosu pişmiş spagetti ile karıştırın ve 3 dakika pişirin.
c) Spagettinizi hemen sıcak olarak servis edin.
ç) Eğlence.

64.Spagetti Bolognese Tavada Fırında

Yapım: 6 Porsiyon

İÇİNDEKİLER:
- 12 ons (340g) spagetti
- 1 pound (450 gr) kıyma
- 1 orta boy soğan, ince doğranmış
- 2 diş sarımsak, kıyılmış
- 28 onsluk ezilmiş domates konservesi
- 2 yemek kaşığı domates salçası
- 1 çay kaşığı kurutulmuş kekik
- 1 çay kaşığı kurutulmuş fesleğen
- ½ çay kaşığı kırmızı biber gevreği
- Tatmak için tuz ve karabiber
- ¼ fincan kırmızı şarap (isteğe bağlı)
- Garnitür için taze fesleğen yaprakları
- Yağlamak için zeytinyağı

TALİMATLAR:
a) Fırınınızı önceden 375°F (190°C) ısıtın.
b) Büyük bir tuzlu su kaynayan tencerede, spagettiyi paket talimatlarına göre al dente olana kadar pişirin. Drenaj yapın ve bir kenara koyun.
c) Fırına dayanıklı büyük bir tavada, orta-yüksek ateşte biraz zeytinyağını ısıtın. Doğranmış soğanları ekleyin ve yarı saydam hale gelinceye kadar yaklaşık 2-3 dakika pişirin.
ç) Kıymayı tavaya ekleyin ve bir kaşıkla parçalayarak, kahverengileşene ve artık pembe olmayana kadar yaklaşık 5-7 dakika pişirin. Fazla yağ varsa boşaltın.
d) Kıyılmış sarımsağı ekleyip kokusu çıkana kadar 1-2 dakika daha pişirin.
e) Ezilmiş domates, salça, kurutulmuş kekik, kurutulmuş fesleğen, pul biber, tuz ve karabiberi ekleyin. Kırmızı şarap kullanıyorsanız bu aşamada dökün. Tüm malzemeleri birleştirmek için iyice karıştırın ve sosu hafif bir kaynamaya getirin.
f) Yaklaşık 10 dakika pişmesine izin verin, tatların birbirine karışmasını ve sosun hafifçe koyulaşmasını sağlayın.
g) Haşlanan spagettiyi bolonez sosla iyice karıştırarak tavaya alın. Ateşten alın.
ğ) Tavayı önceden ısıtılmış fırına aktarın ve yaklaşık 20-25 dakika pişirin.
h) Fırından çıktıktan sonra üzerini taze fesleğen yapraklarıyla süsleyip servis yapın.

65.Körfez Tarağı Spagetti ile

Yapım: 4

İÇİNDEKİLER:
- 8 oz. Spagetti
- ⅓ bardak sek beyaz şarap
- 3 Yemek kaşığı tereyağı
- 1 lb. defne tarak
- 4 diş kıyılmış sarımsak
- 1 tutam kırmızı biber gevreği
- 1 bardak ağır krema
- Tatmak için biber ve tuz
- Yarım limonun suyu
- ¼ bardak rendelenmiş Pecorino-Romano

TALİMATLAR:
a) Spagettiyi tuzlu su dolu bir tencerede 10 dakika kadar haşlayın. Drenaj yapın ve bir kenara koyun.
b) Tereyağını büyük bir tavada ısıtın.
c) Deniz taraklarını tek kat halinde ekleyin ve orta ateşte 2 dakika kızartın.
ç) Deniz taraklarını çevirin ve diğer tarafını da 1 dakika daha kızartın.
d) Sarımsak, kırmızı pul biber ve şarabı ekleyip 1 dakika pişirin. Deniz taraklarını fazla pişirmemeye dikkat edin.
e) Tuz, karabiber ve yarım limonun suyuyla tatlandırın.
f) Spagettiyi tavaya alıp deniz taraklarıyla birleştirin.
g) 2 dakika pişirin ve üzerine rendelenmiş peynir ekleyin.

66.Güneşli Sıcak Spagetti

Yapar: 2
İÇİNDEKİLER:
- 2 1/2 bardak pişmiş spagetti
- 1 çay kaşığı kekik
- 1/4 su bardağı zeytinyağı
- 2 Yemek kaşığı taze sarımsak
- 8 adet sivri biber, ince kıyılmış
- 1/2 su bardağı spagetti sosu

TALİMATLAR:
a) Büyük bir tavayı orta ateşte yerleştirin. İçindeki yağı ısıtın. Baharatları ve biberleri ekleyip 4 dakika pişirin.
b) Sosu pişmiş spagetti ile karıştırın ve 3 dakika pişirin.
c) Spagettinizi hemen sıcak olarak servis edin.

67.Tavuk Tetrazzini

İÇİNDEKİLER : _
- 8 ons pişmemiş spagetti
- 2 çay kaşığı artı 3 yemek kaşığı tereyağı, bölünmüş
- 8 pastırma şeridi, doğranmış
- 2 su bardağı dilimlenmiş taze mantar
- 1 küçük soğan, doğranmış
- 1 küçük yeşil biber, doğranmış
- 1/3 bardak çok amaçlı un
- 1/4 çay kaşığı tuz
- 1/4 çay kaşığı biber
- 3 su bardağı tavuk suyu
- 3 su bardağı iri kıyılmış et lokantası tavuk
- 2 bardak dondurulmuş bezelye (yaklaşık 8 ons)
- 1 kavanoz (4 ons) doğranmış pimientos, süzülmüş
- 1/2 bardak rendelenmiş Romano veya Parmesan peyniri

TALİMATLAR:
a) Fırını 375°'ye önceden ısıtın. Spagettiyi al dente paketindeki talimatlara göre pişirin. Boşaltmak; yağlanmış 13x9-inç'e aktarın. pişirme kabı. 2 çay kaşığı tereyağı ekleyin ve kaplayın.

b) Bu arada, büyük bir tavada pastırmayı orta ateşte ara sıra karıştırarak gevrekleşinceye kadar pişirin. Oluklu bir kaşıkla çıkarın; kağıt havlulara boşaltın. Damlayanları atın ve tavada 1 çorba kaşığı ayırın. Damlamalara mantar, soğan ve yeşil biber ekleyin; orta-yüksek ateşte 5-7 dakika veya yumuşayana kadar pişirin ve karıştırın. Tavadan çıkarın.

c) Aynı tavada kalan tereyağını orta ateşte ısıtın. Unu, tuzu ve karabiberi pürüzsüz hale gelinceye kadar karıştırın; yavaş yavaş et suyunu çırpın. Ara sıra karıştırarak kaynatın; 3-5 dakika veya hafifçe koyulaşana kadar pişirin ve karıştırın. Tavuk, bezelye, biber ve mantar karışımını ekleyin; ara sıra karıştırarak ısıtın. Spagettinin üzerine kaşıkla dökün. Pastırma ve peynir serpin.

ç) Kapağı açık olarak 25-30 dakika veya altın rengi kahverengi olana kadar pişirin. Servis yapmadan önce 10 dakika bekletin.

68.Fırında rigatoni ve köfte

İÇİNDEKİLER : _
- 3½ bardak Rigatoni makarnası
- 1⅓ bardak Mozzarella, kıyılmış
- 3 yemek kaşığı Parmesan, taze rendelenmiş
- 1 pound Yalın zemin hindisi

TALİMATLAR:
a) Köfte: Yumurtayı kasede hafifçe çırpın; soğan, kırıntı, sarımsak, Parmesan, kekik, tuz ve karabiberi karıştırın. Hindiyi karıştırın.
b) Yemek kaşığı dolusu toplar halinde şekil verin.
c) Büyük bir tavada yağı orta-yüksek ateşte ısıtın; Köfteleri gerekirse gruplar halinde 8-10 dakika veya her tarafı kızarana kadar pişirin.
ç) Tavaya soğan, sarımsak, mantar, yeşil biber, fesleğen, şeker, kekik, tuz, karabiber ve su ekleyin; Orta ateşte ara sıra karıştırarak yaklaşık 10 dakika veya sebzeler yumuşayana kadar pişirin. Domatesleri ve salçayı karıştırın; kaynatın. Köfte ekle
d) Bu arada büyük bir tencerede kaynayan tuzlu suda rigatoniyi pişirin . 11x7 inçlik pişirme kabına veya 8 fincanlık sığ fırın güvecine aktarın.
e) Üzerine mozzarella ve ardından Parmesan serpin. Pişmek

69.Hızlı Spagetti Tava

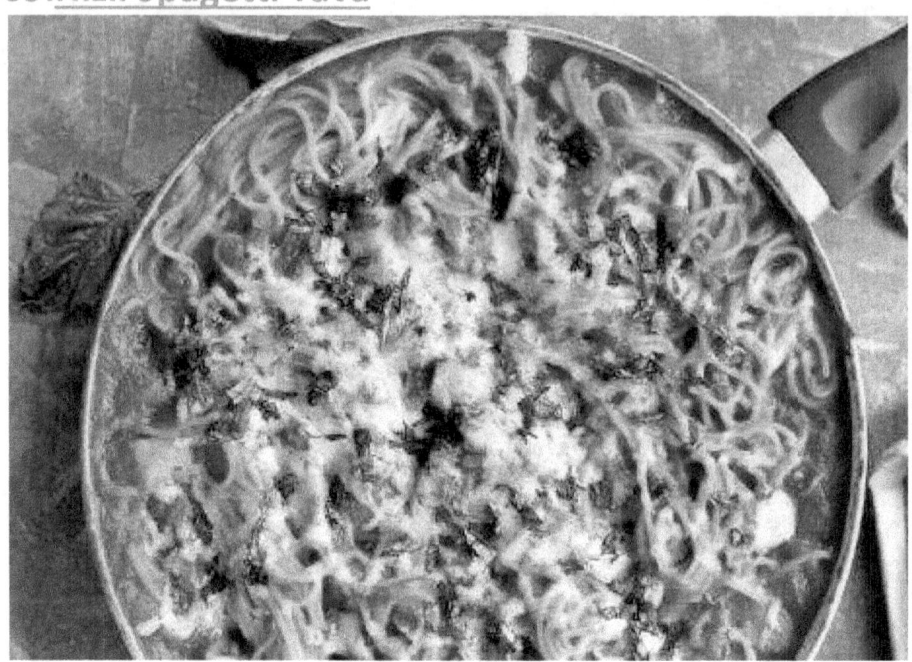

Yapım: 4

İÇİNDEKİLER:
- 1 lb. öğütülmüş hindi
- 1/2 çay kaşığı kırmızı biber gevreği
- 2 diş sarımsak, kıyılmış
- 8 oz. pişmemiş spagetti, üçe bölünmüş
- 1 küçük yeşil biber, doğranmış
- parmesan peyniri
- 1 küçük soğan, doğranmış
- 2 C. su
- 1 (28 oz.) kavanoz geleneksel tarzda spagetti
- Sos

TALİMATLAR:

a) Büyük bir tencereyi orta ateşte yerleştirin. Hindiyi sarımsak, soğan ve yeşil biberle 8 dakika pişirin.

b) Acı pul biberli suyu, spagetti sosunu, bir tutam tuz ve karabiberi ekleyin.

c) Kaynamaya başlayıncaya kadar pişirin. Spagettiyi tencereye ekleyin.

ç) 14 ila 16 dakika veya makarna pişene kadar kaynatmaya bırakın.

d) Bir karıştırma kabı alın:

e) Eğlence.

70.Kolay Spagetti

Yapım: 4

İÇİNDEKİLER:
- 12 oz. Spagetti
- 1 Yemek kaşığı zeytinyağı
- 1 lb. kıyma
- 1 doğranmış soğan
- 3 diş kıyılmış sarımsak
- Tatmak için biber ve tuz
- 1 çay kaşığı şeker
- ¼ çay kaşığı zerdeçal
- 2 Yemek kaşığı domates salçası
- 2 su bardağı domates sosu
- 1 çay kaşığı İtalyan baharatı

TALİMATLAR:
a) Makarnayı kaynayan tuzlu su dolu bir tencerede 10 dakika kadar haşlayın. Drenaj yapın ve bir kenara koyun.
b) Zeytinyağını büyük bir tavada ısıtın.
c) Soğanı ve sarımsağı 5 dakika soteleyin.
ç) Kıymayı, tuzu, karabiberi ve zerdeçalı ekleyip iyice karıştırın.
d) Domates salçasını, domates sosunu ve İtalyan baharatını ekleyin.
e) 45 dakika kaynatın.
f) Spagettiyi ekleyip sosla karıştırın.

71. Karides Lo Mein

Yapar: 2

İÇİNDEKİLER:
- 8 oz. Spagetti
- ¼ bardak soya sosu
- 3 Yemek kaşığı istiridye sosu
- 1 yemek kaşığı bal
- ½ inçlik rendelenmiş zencefil
- 1 Yemek kaşığı zeytinyağı
- 1 adet doğranmış kırmızı dolmalık biber
- 1 dilimlenmiş küçük soğan
- ½ su bardağı kıyılmış kestane
- ½ bardak dilimlenmiş cremini mantarı
- 3 diş kıyılmış sarımsak
- 1 lb. soyulmuş ve ayrılmış taze karides
- 2 çırpılmış yumurta

TALİMATLAR:
a) Spagettiyi tuzlu su dolu bir tencerede 10 dakika kadar haşlayın. Suyu boşaltmak.
b) Soya sosunu, istiridye sosunu, balı ve zencefili bir kasede birleştirin.
c) Zeytinyağını büyük bir tavada ısıtın.
ç) Biber, soğan, kestane ve mantarları 5 dakika soteleyin.
d) Sarımsak ve karidesleri ekleyip 2 dakika daha karıştırın.
e) Malzemeleri tavanın bir tarafına alın ve diğer tarafta yumurtaları 5 dakika kadar çırpın.
f) Spagetti ve sosu ekleyin ve tüm malzemeleri 2 dakika boyunca birleştirin.

72.Tavuk Tetrazzini

Yapım: 8

İÇİNDEKİLER:
- 8 oz. Spagetti
- 1 Yemek kaşığı zeytinyağı
- 4 adet doğranmış tavuk göğsü
- Tatmak için biber ve tuz
- 1 su bardağı taze dilimlenmiş mantar
- 1 adet doğranmış kırmızı dolmalık biber
- 1 doğranmış soğan
- 4 diş kıyılmış sarımsak
- ¼ fincan tereyağı
- 3 Yemek kaşığı un
- ½ çay kaşığı kekik
- 1 su bardağı tavuk suyu
- 1 bardak yarım buçuk
- ¼ bardak beyaz şarap
- ½ çay kaşığı sarımsak tuzu
- ½ çay kaşığı kekik
- zevkinize biber
- ½ bardak rendelenmiş İtalyan peyniri karışımı

TALİMATLAR:
a) Spagettiyi kaynayan tuzlu su dolu bir tencerede 10 dakika kadar haşlayın.
b) Yağı büyük bir tavada ısıtın.
c) Dolmalık biberi, mantarları, soğanı ve sarımsağı tavada kızartın ve sebzeler yumuşayana ve tavuk artık pembeleşmeyene kadar 5 dakika soteleyin.
ç) Tereyağını bir tavada eritip unu ekleyip kavurun.
d) Bir macun oluşuncaya kadar karıştırmaya devam edin.
e) Sürekli karıştırarak yavaş yavaş et suyunu, yarım buçuk ve şarabı dökün.
f) Sosu biber, kekik ve kekikle tatlandırın.
g) İtalyan peyniri karışımını karıştırın ve peynir eriyene kadar 5 dakika karıştırın.
ğ) Kızartılmış sebzeleri ve sebzeleri ekleyin ve 5 dakika pişirin.

73.Makarna Sosis Tava

Yapım: 4

İÇİNDEKİLER:

- 1/2 lb. yağsız kıyma
- 2 kereviz kaburgası, dilimlenmiş
- 1/4 lb. toplu İtalyan sosisi
- 115 gram. ikiye bölünmüş pişmemiş spagetti
- 2 (8 oz.) kutu tuzsuz domates sosu
- 1/4 çay kaşığı kurutulmuş kekik
- 1 (14 1/2 oz.) kutu haşlanmış domates
- tuz ve biber
- 1 bardak su
- 1 (4 oz.) kutu mantar sapları ve parçaları, süzülmüş

TALİMATLAR:

a) Bir tavayı orta ateşte yerleştirin. Sığır eti ile sosisleri 8 dakika boyunca kızartın. Yağları atın.

b) Malzemelerin geri kalanını karıştırın. Kaynamaya başlayıncaya kadar pişirin. Kapağını kapatıp 15 ila 17 dakika pişmelerini bekleyin.

Makarna tavasını sıcak olarak servis edin. Biraz doğranmış otlar ile süsleyin.

74.Tavada Tavuklu Makarna

Yapım: 2 porsiyon
İÇİNDEKİLER:
- ½ (8 ons) paket spagetti
- 2 yemek kaşığı zeytinyağı
- 8 erik domates (boş) roma (erik) domates, ikiye bölünmüş ve dilimlenmiş • 1 çay kaşığı sarımsak tozu
- ½ çay kaşığı kurutulmuş kekik
- 2 çay kaşığı kurutulmuş fesleğen
- 1 tutam tuz
- 1 çay kaşığı öğütülmüş karabiber
- 1 ½ çay kaşığı beyaz şeker
- 1 yemek kaşığı ketçap
- 3 yemek kaşığı zeytinyağı
- 2 derisiz, kemiksiz tavuk göğsü, ince şeritler halinde kesilmiş
- 2 diş sarımsak, ezilmiş
- 1 yeşil dolmalık biber, doğranmış
- 1 kırmızı dolmalık biber, doğranmış
- 1 kırmızı soğan, doğranmış
- 1 su bardağı dilimlenmiş taze mantar
- ¼ su bardağı rendelenmiş parmesan peyniri

TALİMATLAR:

a) Büyük bir tencereye suyu yüksek ateşte kaynatın. Spagettiyi karıştırın ve tekrar kaynatın. Makarnayı iyice pişene kadar, ancak hala ısırılacak kadar sert olana kadar yaklaşık 6-8 dakika pişirin. İyice süzün ve sıcak tutun.

b) 2 yemek kaşığı yağı büyük bir tavada orta ateşte ısıtın. Domatesleri karıştırın; yumuşayıncaya ve parçalanmaya başlayıncaya kadar pişirin. Sarımsak tozu, kekik, fesleğen, tuz, karabiber, şeker ve ketçapı karıştırın. Sosu ısıtın ve ayırın.

c) Kalan 3 yemek kaşığı yağı ayrı bir dökme demir tavada orta ateşte ısıtın. Tavuğu karıştırın; kızarana kadar pişirin. Ezilmiş sarımsak dişlerini karıştırın; 1 dakika daha pişirin.

ç) Tavuğu tavadan çıkarın ve ayırın. Isıyı yükseğe çevirin. Yeşil biberi, kırmızı biberi, soğanı ve mantarları tavaya alıp yumuşayana kadar pişirin. Kızartılmış tavukları karıştırın. Isıyı orta seviyeye getirin ve tavuğun ortası pembe olmayıncaya ve sebzeler tamamen pişene kadar yaklaşık 5 dakika pişirin.

d) Tavukları ve sebzeleri domates sosu ve sıcak makarnayla karıştırın.

e) Parmesan peyniri serperek servis yapın.

75. Makarna alla Norma Tavada Fırında

Yapım: 4-6 Porsiyon

İÇİNDEKİLER:

- 12 ons (340g) spagetti
- 2 orta boy patlıcan, ¼ inçlik yuvarlaklar halinde dilimlenmiş
- 3 yemek kaşığı zeytinyağı
- 1 küçük soğan, ince doğranmış
- 2 diş sarımsak, kıyılmış
- 28 onsluk ezilmiş domates konservesi
- 1 yemek kaşığı kırmızı şarap sirkesi (isteğe bağlı)
- 1 çay kaşığı Kurutulmuş kekik
- ½ çay kaşığı kırmızı pul biber (damak tadınıza göre ayarlayın)
- Tatmak için tuz ve karabiber
- ¼ bardak taze fesleğen yaprağı, parçalara ayrılmış
- 1,5 su bardağı rendelenmiş mozzarella peyniri
- ½ bardak rendelenmiş Parmesan peyniri veya pecorino
- Yağlamak için zeytinyağı

TALİMATLAR:

a) Fırınınızı önceden 375°F (190°C) ısıtın.
b) Makarnayı paket talimatlarına göre al dente olana kadar pişirin. Boşaltın ve bir kenara koyun.
c) Makarna pişerken ızgarayı veya ızgara tavasını önceden ısıtın.
ç) Patlıcan dilimlerini zeytinyağına bulayın ve her iki tarafı da ızgara izleri oluşana ve yumuşayana kadar yaklaşık 3-4 dakika kızartın. Onları bir kenara koyun.
d) Fırına dayanıklı büyük bir tavada, orta-yüksek ateşte biraz zeytinyağını ısıtın. Doğranmış soğanı ekleyin ve yarı saydam hale gelinceye kadar yaklaşık 2-3 dakika pişirin.
e) Kıyılmış sarımsağı ekleyip kokusu çıkana kadar 1-2 dakika daha pişirin.
f) Ezilmiş domatesi, kırmızı şarap sirkesini, kurutulmuş kekiği, pul biberi, tuzu ve karabiberi ekleyin. Sosun koyulaşması ve lezzet kazanması için yaklaşık 10 dakika kaynamaya bırakın.
g) Haşlanan makarnayı sosla birlikte tavaya alıp iyice karıştırın.
ğ) Közlenmiş patlıcan dilimlerini makarna ve sos karışımının üzerine dizin.
h) Patlıcan ve makarnanın üzerine bir kat rendelenmiş mozzarella peyniri serpin.
ı) Tavayı önceden ısıtılmış fırına aktarın ve yaklaşık 20-25 dakika veya peynir kabarcıklı ve hafif altın rengi oluncaya kadar pişirin.
i) Fırından çıkan tavayı, taze fesleğen yaprakları ve parmesan veya pecorino ile süsleyin.
j) Doğrudan tavadan sıcak olarak servis yapın.

76.Ziti ve Sosisli Spagetti

Yapım: 8

İÇİNDEKİLER:
- 1 lb. ufalanmış İtalyan sosisi
- 1 su bardağı dilimlenmiş mantar
- ½ bardak doğranmış kereviz
- 1 adet doğranmış soğan
- 3 diş kıyılmış sarımsak
- 42 oz. mağazadan satın alınan spagetti sosu veya ev yapımı
- Tatmak için biber ve tuz
- ½ çay kaşığı kekik
- ½ çay kaşığı fesleğen
- 1 lb. pişmemiş ziti makarnası
- 1 su bardağı rendelenmiş mozarella peyniri
- ½ su bardağı rendelenmiş parmesan peyniri
- 3 Yemek kaşığı kıyılmış maydanoz

TALİMATLAR:
a) Bir tavada sosis, mantar, soğan ve kerevizi 5 dakika kızartın.
b) Bundan sonra sarımsağı ekleyin. 3 dakika daha pişirin. Denklemden çıkarın.
c) Ayrı bir tavaya spagetti sosu, tuz, karabiber, kekik ve fesleğen ekleyin.
ç) Sosu 15 dakika kadar pişirin.
d) Sos pişerken makarnayı paketin üzerindeki talimatlara göre bir tavada hazırlayın. Boşaltmak.
e) Fırını 350 Fahrenheit dereceye kadar önceden ısıtın.
f) Bir pişirme kabına zitiyi, sosis karışımını ve rendelenmiş mozarellayı iki kat halinde koyun.
g) Üzerine maydanoz ve parmesan peyniri serpin.
ğ) Fırını önceden 350°F'ye ısıtın ve 25 dakika pişirin.

BUCATİNİ MAKARNA

77. Pırasa ve Limonlu Tek Tava Bucatini

Yapım: 4

İÇİNDEKİLER:

- 1 ila 1 1/2 pound pırasa
- 12 ons bucatini (yukarıdaki notlara bakınız)
- 4 diş sarımsak, ince dilimlenmiş
- 1/4 ila 1/2 çay kaşığı kırmızı biber gevreği
- 2 yemek kaşığı sızma zeytinyağı
- Kaşer tuzu
- Taze çekilmiş karabiber
- 4 1/2 bardak su
- Bir limonun kabuğu rendesi
- 1/2 su bardağı ince kıyılmış maydanoz
- Servis için Parmigiano Reggiano (isteğe bağlı)

TALİMATLAR:

a) Her pırasanın kök ucunu ve koyu yeşil kısımlarını keserek başlayın. Bunları uzunlamasına ikiye bölün. Pırasayı uzun, ince şeritler halinde kesmek için şu yöntemi izleyin: Her yarımı kesik tarafı yukarı bakacak şekilde yerleştirin, ardından tekrar ikiye bölün ve işlemi bir kez daha tekrarlayın; aslında pırasayı sekize bölmüş olursunuz. Şeritlerin çoğu güzel ve ince hale gelmeli, ancak gerekirse en dıştaki katmanları tekrar ikiye kesmeniz gerekebilir. Pırasalar kirliyse, kirin yerleşmesini sağlamak için onları bir kase soğuk suya batırın. Temizlendikten sonra pırasaları kaseden çıkarın.

b) Pırasayı, makarnayı, sarımsağı, 1/4 çay kaşığı pul biberi (tercih ettiğiniz ısı seviyesine ayarlayın), yağı, 2 çay kaşığı kaşar tuzunu, taze çekilmiş karabiberi ve suyu büyük, düz kenarlı bir tavada birleştirin. Bucatini'nin tavada neredeyse düz durmasını sağlamak.

c) Karışımı yüksek ateşte kaynatın. Makarna al dente kıvamına gelinceye ve su neredeyse buharlaşana kadar, genellikle yaklaşık 9 dakika süren, maşa veya çatalla makarnayı sık sık karıştırarak ve çevirerek karışımı pişirin.

ç) Limon kabuğu rendesini ve maydanozu ekleyin ve kaplayın.

d) Yemeği tuzla (tercih ettiğiniz tada göre 1/2 çay kaşığı kaşar tuzu artı daha fazlasını eklemeniz gerekebilir), biber ve daha fazla ısı istiyorsanız daha fazla kırmızı biber gevreği ile tatlandırın. İstenirse Parmesan ile servis yapın.

78. Domatesli Burrata Makarna

Yapar: 2-4

İÇİNDEKİLER:
- ½ pound bucatini veya spagetti makarna
- 3 bardak domates
- 6 diş sarımsak, kıyılmış
- ¼ bardak zeytinyağı
- ½ çay kaşığı kurutulmuş fesleğen
- ¼ çay kaşığı ezilmiş biber gevreği
- 8 ons burrata peyniri
- Tatmak için biber ve tuz

SÜSLEMEK İÇİN
- 1 demet taze fesleğen, ince doğranmış
- ¼ çay kaşığı ezilmiş biber gevreği
- 4 yemek kaşığı kavrulmuş çam fıstığı

TALİMATLAR

a) Orta ateşte büyük bir tavada zeytinyağını ısıtın.

b) Sarımsakları ekleyin ve 1-2 dakika pişirin, ardından kurutulmuş fesleğen ve pul biberi ekleyin.

c) Domatesleri ekleyin ve bol miktarda tuz ve karabiberle birlikte yağa atın.

ç) Domatesleri yirmi ila yirmi beş dakika pişirin.

d) Makarnayı kaynayan tuzlu suda haşlayın.

e) Makarna piştikten sonra suyunu süzün ve hemen tavaya ekleyin.

f) Makarnanın tamamen kaplanması için karışıma birkaç tur daha atın.

g) Tavayı ocaktan alın ve taze fesleğen ekleyin.

ğ) Lokma parçalarına dilediğiniz kadar burrata peyniri ekleyin.

h) Üzerine doğranmış taze fesleğen ve pul biber serpin.

ı) Servis yapmadan önce üzerine çam fıstıklarını serpin.

79.Brüksel lahanalı limonlu fesleğenli makarna

Yapım: 8

İÇİNDEKİLER:
- Bucatini veya fettuccine gibi 1 (1 pound) kutu uzun kesilmiş makarna
- 4 ons ince dilimlenmiş prosciutto, yırtılmış
- 3 yemek kaşığı sızma zeytinyağı
- 1 pound Brüksel lahanası, büyükse yarıya veya dörde bölünmüş
- Kaşer tuzu ve taze çekilmiş karabiber
- 2 yemek kaşığı balzamik sirke
- 1 jalapeno biberi, çekirdeği çıkarılmış ve doğranmış
- 1 yemek kaşığı taze kekik yaprağı
- 1 bardak Limonlu Fesleğen Pesto
- 4 ons keçi peyniri, ufalanmış
- ⅓ bardak rendelenmiş Manchego peyniri
- 1 limonun kabuğu rendesi ve suyu

TALİMATLAR:

a) Fırını önceden 375°F'ye ısıtın.

b) Büyük bir tencerede tuzlu suyu yüksek ateşte kaynatın. Makarnayı ekleyin ve paketin üzerindeki talimatlara göre al dente olana kadar pişirin. Makarnanın haşlama suyundan 1 bardak ayırın, ardından süzün.

c) Bu arada prosciutto'yu parşömen kağıdıyla kaplı bir fırın tepsisine eşit bir tabaka halinde yerleştirin. Çıtır çıtır olana kadar 8 ila 10 dakika pişirin.

ç) Makarna pişerken ve prosciutto pişerken zeytinyağını büyük bir tavada orta ateşte ısıtın. Yağ parladığında Brüksel lahanalarını ekleyin ve ara sıra karıştırarak altın rengi kahverengi olana kadar 8 ila 10 dakika pişirin. Tuz ve karabiberle tatlandırın. Isıyı orta-düşük seviyeye düşürün ve sirkeyi, jalapeño'yu ve kekiği ekleyin ve filizler sırlanana kadar 1 ila 2 dakika daha pişirin.

d) Tavayı ocaktan alın ve süzülmüş makarnayı, pestoyu, keçi peynirini, Manchego'yu, limon kabuğu rendesini ve limon suyunu ekleyin. Yaklaşık ¼ bardak makarna pişirme suyunu ekleyin ve bir sos oluşturmak için karıştırın.

e) İstediğiniz kıvama gelinceye kadar her seferinde 1 yemek kaşığı daha ekleyin. Gerektiğinde daha fazla tuz ve karabiber tadın ve ekleyin.

f) Makarnayı sekiz kaseye veya tabağa eşit olarak bölün ve her birinin üzerine çıtır prosciutto koyun.

80.Tek kapta kremalı mısır bucatini

Yapım: 6

İÇİNDEKİLER:
- 4 yemek kaşığı tuzlu tereyağı
- 4 başak sarı mısır, koçandan dilimlenmiş çekirdekler
- 2 diş sarımsak, kıyılmış veya rendelenmiş
- 2 yemek kaşığı taze kekik yaprağı
- 1 jalapeño veya kırmızı Fresno biberi, çekirdeği çıkarılmış ve ince dilimlenmiş
- 2 yeşil soğan, doğranmış
- Kaşer tuzu ve taze çekilmiş karabiber
- 1 (1 poundluk kutu) bucatini
- ½ su bardağı rendelenmiş parmesan peyniri
- 2 yemek kaşığı krema fraîche
- ¼ bardak taze fesleğen yaprağı, kabaca yırtılmış

TALİMATLAR:
a) Tereyağını büyük bir Hollanda fırınında orta ateşte eritin. Mısır, sarımsak, kekik, jalapeño, yeşil soğan ve birer tutam tuz ve karabiber ekleyin. Mısır altın rengine dönene ve kenarları karamelleşene kadar ara sıra karıştırarak yaklaşık 5 dakika pişirin.

b) 4½ bardak su ekleyin, ısıyı en yükseğe çıkarın ve kaynatın. Makarnayı ekleyin ve tuzla tatlandırın. Sık sık karıştırarak, sıvının çoğu emilene ve makarna al dente olana kadar yaklaşık 10 dakika pişirin.

c) Tencereyi ocaktan alın ve Parmesan, krema ve fesleğeni ekleyip karıştırın. Sos çok kalın geliyorsa, inceltmek için bir miktar su ekleyin. Derhal servis yapın.

ORZO

81.Parmesanlı Orzo

Yapım: 6
İÇİNDEKİLER:
- 1/2 bardak tereyağı, bölünmüş
- tatmak için sarımsak tozu
- 8 arpacık soğan
- tatmak için biber ve tuz
- 1 su bardağı pişmemiş orzo makarna
- 1/2 su bardağı rendelenmiş parmesan peyniri
- 1/2 su bardağı dilimlenmiş taze mantar
- 1/4 su bardağı taze maydanoz
- 1 bardak su
- 1/2 bardak beyaz şarap

TALİMATLAR:
a) Soğanlarınızı tereyağının yarısında kızarana kadar kızartın, ardından geri kalan tereyağını, mantarları ve arpa suyunu ekleyin.
b) 7 dakika boyunca her şeyi kızartmaya devam edin.
c) Şimdi şarabı ve suyu birleştirin ve her şeyi kaynatın.
ç) Karışım kaynadıktan sonra ısıyı düşük seviyeye getirin ve biber, tuz ve sarımsak tozunu ekledikten sonra her şeyi 9 dakika pişirin.
d) Orzo bittiğinde üzerine maydanoz ve parmesan ekleyin.

82.Naneli Beyaz Peynir ve Orzo Salatası

Yapım: 8
İÇİNDEKİLER:
- 1 1/4 bardak orzo makarna
- 1 küçük kırmızı soğan, doğranmış
- 6 yemek kaşığı zeytinyağı, bölünmüş
- 1/2 su bardağı ince kıyılmış taze nane yaprağı
- 3/4 C. kurutulmuş kahverengi mercimek, durulanmış
- 1/2 su bardağı doğranmış taze dereotu
- tatmak için biber ve tuz
- 1/3 su bardağı kırmızı şarap sirkesi
- 3 diş sarımsak, kıyılmış
- 1/2 bardak Kalamata zeytini, çekirdekleri çıkarılmış ve doğranmış
- 1 1/2 bardak ufalanmış beyaz peynir

TALİMATLAR:
a) Makarnayı paketin üzerindeki talimatlara göre pişirin.
b) Tuzlu büyük bir tencerede suyu kaynatın. Mercimeği kaynamaya başlayıncaya kadar pişirin.
c) Isıyı düşürün ve kapağın üzerine koyun. Mercimekleri 22 dakika pişirin. Bunları sudan çıkarın.
ç) Küçük bir karıştırma kabı alın: İçinde zeytinyağı, sirke ve sarımsağı birleştirin. Sosu hazırlamak için bunları iyice çırpın.
d) Geniş bir karıştırma kabı alın: Mercimeği, sosu, zeytini, beyaz peyniri, kırmızı soğanı, naneyi, dereotunu, tuz ve karabiberi içine atın.
e) Salata kasesinin üzerine plastik bir ambalaj sarın ve 2 saat 30 dakika boyunca buzdolabına koyun. Salatanın baharatını ayarladıktan sonra servis yapın.

83.Tek Kap Domatesli Orzo

Yapım: 4

İÇİNDEKİLER:
- 1 yemek kaşığı zeytin veya kolza yağı
- 1 kırmızı soğan, ince doğranmış
- 2 diş sarımsak, ince rendelenmiş
- 1 biber, çekirdeği çıkarılmış ve ince doğranmış
- 600 gr domates, doğranmış
- 400g orzo
- 800ml sebze suyu
- Bir avuç maydanoz, kabaca doğranmış
- Servis için rendelenmiş parmesan veya vejetaryen alternatif (isteğe bağlı)

TALİMATLAR:
a) Yağı büyük bir tencerede veya kızartma tavasında orta ateşte ısıtın.
b) Doğranmış kırmızı soğanı yumuşayana kadar ama altın rengi olmayana kadar 4-6 dakika soteleyin.
c) Rendelenmiş sarımsak ve doğranmış biberi ekleyin ve yumuşaması için bir dakika daha pişirin.
ç) Doğranmış domatesleri karıştırın ve parçalanmaya başlayıncaya kadar 5 dakika pişirin.
d) Orzoyu ekleyin ve sebze suyunu dökün.
e) Sıvı azalıncaya ve orzo yumuşayana kadar 8-10 dakika pişirin. Kurumaya başlarsa birkaç yemek kaşığı su ekleyebilirsiniz.
f) Kabaca doğranmış maydanozun dörtte üçünü serpin ve karıştırın.
g) Kaselerde servis edin, üstüne kalan maydanozu ve istenirse rendelenmiş parmesanı ekleyin. Tek kapta domatesli orzo'nuzun tadını çıkarın!

84.Tavuk Orzo Tava

Yapım: 4 Porsiyon

İÇİNDEKİLER:
- 2 yemek kaşığı Bitkisel yağ
- 1 pound Kemiksiz, derisiz tavuk göğsü yarımları, 1/2-inç parçalar halinde kesilmiş
- 1 su bardağı Orzo (pirinç şeklinde makarna)
- 2 çay kaşığı kıyılmış sarımsak
- 2 bardak Su
- 3 kutu Haşlanmış domates (her biri 14 1/2 oz.), süzülmemiş
- 16 ons Konserve cannellini fasulyesi, durulanmış ve süzülmüş VEYA Great Northern fasulyesi, durulanmış ve süzülmüş
- 1 çay kaşığı Kurutulmuş kekik
- 1 çay kaşığı Tuz
- 1/2 çay kaşığı karabiber
- 16 ons Dondurulmuş brokoli çiçeği, çözülmüş

TALİMATLAR:
a) Büyük bir tavada bitkisel yağı orta ateşte ısıtın.
b) Tavukları ekleyip 4-6 dakika kavurun.
c) Orzo ve kıyılmış sarımsağı ekleyin ve 5-7 dakika veya orzo kahverengileşene kadar soteleyin.
ç) Suyu, haşlanmış domatesi, fasulyeyi, kuru kekiği, tuzu ve karabiberi ekleyip karıştırın.
d) Kapağını kapatıp ara sıra karıştırarak 15 dakika pişirin.
e) Brokoliyi ekleyin, tekrar örtün ve 5-10 dakika daha veya brokoli ve orzo yumuşayana ve tavuk artık pembe olmayana kadar pişirin.
f) Tavuk Orzo Tavanızın tadını çıkarın!

85.Orzo ve Portobello Güveç

Yapım: 6 Porsiyon

İÇİNDEKİLER:
- 1/4 su bardağı doğranmış güneşte kurutulmuş domates
- 1/4 su bardağı kaynar su
- 1 yemek kaşığı Zeytinyağı
- 2 su bardağı dilimlenmiş pırasa
- 2 bardak Portobello mantarı, doğranmış
- 1 bardak taze mantar, dörde bölünmüş
- 2 diş sarımsak
- 2 bardak Orzo, pişmiş
- 2 bardak rezene soğanı, dilimlenmiş
- 2 su bardağı Domates suyu
- 2 yemek kaşığı taze fesleğen yaprağı, kıyılmış
- 2 yemek kaşığı Balzamik sirke
- 1 çay kaşığı pul biber
- 1/8 çay kaşığı Biber
- Sebze pişirme spreyi
- 4 ons Provolone peyniri, kıyılmış
- 1/4 su bardağı rendelenmiş parmesan peyniri

TALİMATLAR:

a) Güneşte kurutulmuş domatesleri ve kaynar suyu küçük bir kasede birleştirin. Örtün ve yaklaşık 10 dakika veya domatesler yumuşayana kadar bekletin. Boşaltmak.

b) Zeytinyağını büyük yapışmaz tavada orta ateşte ısıtın. Domates, pırasa, mantar ve sarımsağı ekleyip 2 dakika soteleyin.

c) Mantar karışımını, pişmiş orzoyu ve sonraki 6 malzemeyi (orzodan bibere kadar) geniş bir kapta birleştirin. Bir kenara koyun.

ç) Karışımı, pişirme spreyi ile kaplanmış 13 x 9 inçlik bir pişirme kabına kaşıkla dökün.

d) Kapağı açık olarak 400 derecede 25 dakika pişirin.

e) Provolon ve Parmesan peynirlerini güvecin üzerine serpin ve 5 dakika daha pişirin.

f) Orzo ve Portobello Güveç'inizin tadını çıkarın!

86.Ispanaklı ve Beyaz Peynirli Tek Tava Orzo

yapar: 4 porsiyon

İÇİNDEKİLER:
- 2 yemek kaşığı tuzsuz tereyağı
- 4 büyük soğan, kesilmiş ve ince dilimlenmiş
- 2 büyük diş sarımsak, kıyılmış
- 8 ons bebek ıspanak yaprağı (8 bardak), iri doğranmış
- 1 çay kaşığı koşer tuzu
- 1 3/4 bardak düşük sodyumlu tavuk veya sebze suyu
- 1 bardak orzo
- 1 çay kaşığı ince rendelenmiş limon kabuğu rendesi (1 limondan)
- 3/4 bardak ufalanmış beyaz peynir (3 ons), artı garnitür için daha fazlası
- 1/2 su bardağı dondurulmuş bezelye, çözülmüş (isteğe bağlı)
- 1 su bardağı doğranmış taze dereotu veya maydanoz veya kişniş kullanın

TALİMATLAR:
a) 10 inçlik bir tavayı orta ateşte ısıtın, ardından tereyağını eritin; bu işlem yaklaşık 30 saniye ila 1 dakika sürecektir.
b) Yeşil kısımların bir kısmını garnitür için ayırarak yeşil soğanların yaklaşık dörtte üçünü karıştırın ve kıyılmış sarımsağı ekleyin. Yumuşayana kadar sık sık karıştırarak yaklaşık 3 dakika pişirin.
c) Bebek ıspanakları karıştırın, hepsi tavaya sığmazsa gruplar halinde ekleyin ve 1/2 çay kaşığı tuz ekleyin. Ispanaklar solana kadar ara sıra karıştırarak yaklaşık 5 dakika pişirmeye devam edin.
ç) Stokta karıştırın ve kaynamaya getirin. Orzo, limon kabuğu rendesi ve kalan 1/2 çay kaşığı tuzu ekleyin. Orzo neredeyse pişene ve sıvının çoğu emilene kadar orta-düşük ateşte örtün ve pişirin; bu, bir veya iki kez karıştırarak 10 ila 14 dakika sürecektir.
d) Ufalanmış beyaz peyniri ve isterseniz bezelyeyi karıştırın. Kıyılmış dereotu ekleyin, ardından tavanın kapağını kapatın ve pişmeyi bitirip bezelyeleri ısıtmak için 1 dakika daha pişirin.
e) Servis yapmak için üzerine daha fazla peynir ve ayrılmış yeşil soğan serpin.
f) Ispanaklı ve Beyaz Peynirli Tek Tava Orzo'nuzun tadını çıkarın!

FARFALLE/papyon

87. Makarna Rustica

Yapım: 4

İÇİNDEKİLER:
- 1 lb. farfalle (papyon) makarna
- 1 (8 oz.) paket mantar, dilimlenmiş
- 1/3 su bardağı zeytinyağı
- 1 Yemek kaşığı kurutulmuş kekik
- 1 diş sarımsak, doğranmış
- 1 Yemek kaşığı pul biber
- 1/4 bardak tereyağı
- tatmak için biber ve tuz
- 2 küçük kabak, dörde bölünmüş ve dilimlenmiş
- 1 soğan, doğranmış
- 1 domates, doğranmış

TALİMATLAR:

a) Makarnanızı su ve tuzla 10 dakika haşlayın. Fazla sıvıyı çıkarın ve bir kenara koyun.

b) Tuz, karabiber, sarımsak, kırmızı biber, kabak, kekik, mantar, soğan ve domatesinizi zeytinyağında 17 dakika kızartın.

c) Sebzeleri ve makarnayı karıştırın.

88. Crème Fraiche Tavuklu Makarna

Yapım: 4

İÇİNDEKİLER:

- 1 Yemek kaşığı zeytinyağı
- 6 adet tavuk fileto
- ¼ bardak beyaz şarap
- ¼ su bardağı tavuk suyu
- Tatmak için biber ve tuz
- 8 oz. papyonlu makarna
- 2 Yemek kaşığı kıyılmış arpacık soğanı
- 3 diş kıyılmış sarımsak
- 1 su bardağı dilimlenmiş mantar
- 2 bardak kremalı fraiche
- 1/3 su bardağı rendelenmiş parmesan peyniri
- 2 Yemek kaşığı kıyılmış maydanoz

TALİMATLAR:

a) Yağı büyük bir tavada ısıtın.
b) Tavukları 5 dakika kadar kavurun.
c) Şarabı ve et suyunu dökün ve tuz ve karabiberle tatlandırın.
ç) 20 dakika kaynatın.
d) Tavuklar haşlanırken makarnayı tuzlu suda 10 dakika kadar haşlayıp süzün. Bir kenara koyun.
e) Tavuğu bir tabağa aktarmak için bir maşa kullanın ve tavuğu küp küp doğrayın.
f) Soğanı, sarımsağı ve mantarları tavaya ekleyin ve 5 dakika soteleyin.
g) Kuşbaşı doğranmış tavuğu tekrar tavaya alın ve kremayı ekleyerek karıştırın.
ğ) 5 dakika kaynatın.
h) Makarnayı servis kasesine alın ve sosu makarnanın üzerine dökün.
ı) Üzerine parmesan peyniri ve kıyılmış maydanoz serpin.

89. Tavuk İhaleleri ve Farfalle Salatası

Yapım: 6
İÇİNDEKİLER:
- 6 yumurta
- 3 yeşil soğan, ince dilimlenmiş
- 1 (16 oz.) paket farfalle (papyon) Makarna
- 1/2 kırmızı soğan, doğranmış
- 1/2 (16 oz.) şişe İtalyan usulü salata
- 6 adet tavuk kanadı

Pansuman
- 1 salatalık, dilimlenmiş
- 4 adet marul kalbi, ince dilimlenmiş
- 1 demet turp, kesilmiş ve dilimlenmiş
- 2 havuç, soyulmuş ve dilimlenmiş

TALİMATLAR:
a) Yumurtaları geniş bir tencereye koyun ve üzerini suyla kaplayın. Yumurtaları orta ateşte kaynamaya başlayıncaya kadar pişirin.
b) Isıyı kapatın ve yumurtaların 16 dakika bekletin. Isı kaybetmelerini sağlamak için yumurtaları biraz soğuk suyla durulayın.
c) Yumurtaları soyup dilimleyin ve bir kenara koyun.
ç) Tavuk filetolarını geniş bir tencereye koyun. Bunları 1/4 bardak su ile örtün. Tavuklar pişene kadar orta ateşte pişirin.
d) Tavuk filetolarını boşaltın ve küçük parçalar halinde kesin.
e) Büyük bir karıştırma kabı alın: Makarnayı, tavuğu, yumurtayı, salatalığı, turpları, havuçları, yeşil soğanları ve kırmızı soğanı içine atın. İtalyan sosunu ekleyip tekrar karıştırın.
f) Salatayı 1 saat 15 dakika buzdolabına koyun.
g) Marul kalplerini servis tabaklarına yerleştirin. Salatayı aralarında paylaştırın.

90.Makarna Deniz Ürünleri Salatası

Yapım: 12

İÇİNDEKİLER:
- 16 oz. Türbanlı makarna
- 3 adet doğranmış haşlanmış yumurta
- 2 adet doğranmış kereviz sapı
- 6 oz., pişmiş küçük karides
- ½ bardak gerçek yengeç eti
- Tatmak için biber ve tuz

Pansuman:
- 1 bardak mayonez
- ½ çay kaşığı kırmızı biber
- 2 çay kaşığı limon suyu

TALİMATLAR:

a) Makarnayı tuzlu kaynar su dolu bir tencerede 10 dakika kadar haşlayın. Boşaltmak.

b) Makarnayı geniş bir kaseye aktarın ve kalan salata malzemelerini ekleyip karıştırın.

c) Sos malzemelerini karıştırıp salataya ekleyin.

ç) Örtün ve 1 saat buzdolabında saklayın.

91. Balkabagi ve Pazılı Makarna Fırında

İçindekiler : _
- 3 su bardağı pişmemiş papyon makarna
- 2 su bardağı yağsız ricotta peyniri
- 4 büyük yumurta
- 3 su bardağı dondurulmuş küp şeklinde balkabağı, çözülmüş ve bölünmüş
- 1 çay kaşığı kurutulmuş kekik
- 1/2 çay kaşığı tuz, bölünmüş
- 1/4 çay kaşığı öğütülmüş hindistan cevizi
- 1 su bardağı iri kıyılmış arpacık soğanı
- 1-1/2 su bardağı doğranmış pazı, sapları çıkarılmış
- 2 yemek kaşığı zeytinyağı
- 1-1/2 bardak panko ekmek kırıntısı
- 1/3 su bardağı iri kıyılmış taze maydanoz
- 1/4 çay kaşığı sarımsak tozu

TALİMATLAR:
a) Fırını 375°'ye önceden ısıtın. Al dente için makarnayı paketin üzerindeki talimatlara göre pişirin; boşaltmak. Bu arada, ricotta'yı, yumurtaları, 1-1/2 su bardağı kabak, kekik, 1/4 çay kaşığı tuz ve hindistan cevizini bir mutfak robotuna koyun; pürüzsüz olana kadar işlem yapın. Büyük bir kaseye dökün.

b) Makarnayı, arpacık soğanını, pazıyı ve kalan kabağı karıştırın. Yağlanmış 13x9 inçlik bir kaba aktarın. pişirme kabı.

c) Büyük bir tavada yağı orta-yüksek ateşte ısıtın. Ekmek kırıntılarını ekleyin; 2-3 dakika altın rengi kahverengi olana kadar pişirin ve karıştırın. Maydanozu, sarımsak tozunu ve kalan 1/4 çay kaşığı tuzu ilave edip karıştırın. Makarna karışımının üzerine serpin.

ç) Üzeri açık olarak, sertleşene ve üzeri altın rengi kahverengi olana kadar, 30-35 dakika pişirin.

LAZANYA

92. İspanyol Lazanyası

Yapım: 12

İÇİNDEKİLER:
- 4 C. konserve kıyılmış domates
- 1 (32 oz.) kap ricotta peyniri
- 1 (7 oz.) yeşil biberleri küp küp doğrayabilir
- 4 yumurta, hafifçe çırpılmış
- 1 (4 oz.) jalapeno biberleri küp küp doğrayabilir
- 1 (16 oz.) paket Meksika usulü rendelenmiş dört peynir karışımı
- 1 soğan, doğranmış
- 3 diş sarımsak, kıyılmış
- 1 (8 oz.) paket pişmeden lazanya makarna
- 10 dal taze kişniş, doğranmış
- 2 Yemek kaşığı öğütülmüş kimyon
- 2 lbs. acı ispanyol domuz sosisi

TALİMATLAR:

a) Aşağıdakileri 2 dakika kaynatın, ardından 55 dakika kısık ateşte pişirin: kişniş, domates, kimyon, yeşil biber, sarımsak, soğan ve jalapenos.

b) Bir kase alın, çırpılmış yumurtaları ve ricotta'yı karıştırın.

c) Devam etmeden önce fırınınızı 350 dereceye ayarlayın.

ç) Chorizo'larınızı kızartın. Daha sonra fazla yağı alın ve eti ufalayın.

d) Pişirme kabınıza hafif bir sos sürün ve ardından katmanları ekleyin: sosis, sosun 1/2'si, 1/2 rendelenmiş peynir, lazanya makarna, ricotta, biraz daha makarna, kalan sosun tamamı ve biraz daha rendelenmiş peynir.

e) Bir miktar folyoyu yapışmaz spreyle kaplayın ve lazanyayı kapatın. Kapalı olarak 30 dakika, kapaksız 15 dakika pişirin.

93. Fontinalı balkabağı ve adaçayı lazanyası

Yapar: 8 ila 10

İÇİNDEKİLER:

- 2 çay kaşığı sızma zeytinyağı ve yağlama için daha fazlası
- 1 (14 ons) kutu kabak püresi
- 2 bardak tam yağlı süt
- 2 çay kaşığı kurutulmuş kekik
- 2 çay kaşığı kurutulmuş fesleğen
- ¼ çay kaşığı taze rendelenmiş hindistan cevizi
- ¼ çay kaşığı ezilmiş kırmızı biber gevreği
- Kaşer tuzu ve taze çekilmiş karabiber
- 16 ons tam yağlı ricotta peyniri
- 2 diş sarımsak, rendelenmiş
- 1 yemek kaşığı doğranmış taze adaçayı yaprağı ve 8 bütün yaprak
- 2 yemek kaşığı kıyılmış taze maydanoz
- 1 (12 ons) kutu kaynatılmamış lazanya makarna
- 1 (12 ons) kavanoz kavrulmuş kırmızı biber, süzülmüş ve doğranmış
- 3 su bardağı rendelenmiş fontina peyniri
- 1 su bardağı rendelenmiş parmesan peyniri
- 12 ila 16 adet ince dilimlenmiş pepperoni (isteğe bağlı)

TALİMATLAR:

a) Fırını önceden 375°F'ye ısıtın. 9 × 13 inçlik bir pişirme kabını yağlayın.

b) Orta boy bir kapta balkabağı, süt, kekik, fesleğen, hindistan cevizi, kırmızı pul biber ve birer tutam tuz ve karabiberi birlikte çırpın. Ayrı bir orta kapta ricotta, sarımsak, doğranmış adaçayı ve maydanozu birleştirin ve tuz ve karabiberle tatlandırın.

c) Hazırlanan pişirme kabının dibine kabak sosunun dörtte birini (yaklaşık 1 bardak) yayın. 3 veya 4 lazanya yaprağı ekleyin ve sığacak şekilde gerektiği kadar kırın. Çarşafların sosu tamamen kaplamaması sorun değil. Ricotta karışımının yarısını, kırmızı biberlerin yarısını ve ardından 1 bardak fontinayı üzerine koyun. Balkabağı sosunun dörtte birini daha ekleyin ve üzerine 3 veya 4 adet lazanya makarna koyun. Kalan ricotta karışımını, kalan kırmızı biberleri, 1 bardak fontinayı ve ardından balkabağı sosunun dörtte birini üstüne koyun. Kalan lazanya makarnayı ve kalan kabak sosunu ekleyin. Kalan 1 bardak fontinayı üstüne serpin, ardından Parmesan peynirini serpin. Üzerine biberli biber ekleyin (eğer kullanılıyorsa)

ç) Küçük bir kapta adaçayı yapraklarının tamamını 2 çay kaşığı zeytinyağına atın. Lazanyanın üzerine dizin.

d) Lazanyayı folyo ile örtün ve 45 dakika pişirin. Isıyı 425°F'ye yükseltin, folyoyu çıkarın ve peynir köpürene kadar yaklaşık 10 dakika daha pişirin. Lazanyayı 10 dakika bekletin. Sert. Artıkları buzdolabında hava geçirmez bir kapta 3 güne kadar saklayın.

94.Yüklü Makarna Kabukları Lazanya

İÇİNDEKİLER : _

- 4 su bardağı rendelenmiş mozarella peyniri
- 1 karton (15 ons) ricotta peyniri
- 1 paket (10 ons) dondurulmuş doğranmış ıspanak, çözülmüş ve kuru olarak sıkılmış
- 1 paket (12 ons) jumbo makarna kabuğu, pişirilmiş ve süzülmüş
- 3-1/2 bardak spagetti sosu
- İsteğe göre rendelenmiş parmesan peyniri

TALİMATLAR:

a) Fırını 350°'ye önceden ısıtın. Peynirleri ve ıspanağı birleştirin; kabuklara doldurun. Yağlanmış 13x9 inçlik bir tepsiye yerleştirin. pişirme kabı. Kabukların üzerine spagetti sosunu dökün. Kapağını kapatın ve ısıtılıncaya kadar yaklaşık 30 dakika pişirin.

b) İstenirse piştikten sonra parmesan peyniri serpebilirsiniz.

95.Tavuklu Lazanya

Yapım: 6

İÇİNDEKİLER:

- 6 adet pişmemiş lazanya makarna, haşlanmış
- 1 su bardağı kıyılmış pişmiş tavuk
- 1 Yemek kaşığı zeytinyağı
- ½ lb. doğranmış mantar
- 1 adet doğranmış kırmızı dolmalık biber
- 1 adet doğranmış küçük soğan
- 3 diş kıyılmış sarımsak
- ¼ su bardağı tavuk suyu
- 8 oz., krem peynir
- ½ çay kaşığı kekik
- Tatmak için biber ve tuz
- 2 su bardağı rendelenmiş mozarella peyniri
- 3 su bardağı domates sosu

TALİMATLAR:

a) Fırını 350 derece F'ye önceden ısıtın.

b) Zeytinyağını tavada ısıtın ve mantarları, dolmalık biberi, soğanı ve sarımsağı 5 dakika soteleyin.

c) Kıyılmış tavuk, et suyu, krem peynir, mantar, dolmalık biber, soğan, sarımsak ve kekiği bir kasede birleştirin.

ç) 1 bardak mozzarella peynirini karıştırın ve tuz ve karabiberle tatlandırın.

d) 9x13'lük bir pişirme kabına 1 bardak domates sosunu dökün.

e) Üç kat lazanya makarnası, tavuk karışımı ve domates sosu oluşturun.

f) Kalan bir bardak rendelenmiş mozzarella peynirini üstüne ekleyin.

g) 45 dakika pişirin.

96.Güneybatı Lazanya

Yapım: 6

İÇİNDEKİLER:
- 2 yemek kaşığı zeytinyağı
- 1 doğranmış soğan
- 1,5 su bardağı rendelenmiş kaşar peyniri
- 1 Yemek kaşığı doğranmış jalapeno biberi
- 4 diş kıyılmış sarımsak
- 3 su bardağı sıcak sosis eti
- ½ bardak picante sosu
- 1 çay kaşığı İtalyan baharatı veya tadı
- 4 su bardağı domates sosu
- 2 su bardağı rendelenmiş Pepper Jack peyniri
- 15 mısır ekmeği

TALİMATLAR:
a) Fırınınızı 350 derece F'ye önceden ısıtın.
b) Zeytinyağını büyük bir tavada ısıtın.
c) Sarımsak, jalapeno biberi ve soğanı 5 dakika soteleyin.
ç) Sosis etini ekleyin ve İtalyan baharatıyla tatlandırın.
d) Domates sosunu ve picante sosunu karıştırın.
e) Tüm malzemeleri iyice birleştirin.
f) Tavayı kapatın ve 15 dakika pişirin.
g) 9x13'lük bir pişirme kabını yapışmaz spreyle kaplayın.
ğ) Pişirme kabını 1 tortilla, bir kat sosis ve sos ve bir kat biberli kriko peyniri ile kaplayın.
h) 2 katman daha oluşturun.
ı) Üçüncü katı kaşar peyniri ile kaplayın.
i) 45 dakika pişirin.

97.Klasik Lazanya

Yapım: 8
İÇİNDEKİLER:
- 1 1/2 lb. yağsız kıyma
- 2 yumurta, dövülmüş
- 1 soğan, doğranmış
- 1 pint yarım yağlı ricotta peyniri
- 2 diş sarımsak, kıyılmış
- 1/2 su bardağı rendelenmiş parmesan peyniri
- 1 Yemek kaşığı doğranmış taze fesleğen
- 2 Yemek kaşığı kurutulmuş maydanoz
- 1 çay kaşığı kurutulmuş kekik
- 1 çay kaşığı tuz
- 2 Yemek kaşığı esmer şeker
- 1 lb. mozzarella peyniri, rendelenmiş
- 1 1/2 çay kaşığı tuz
- 2 Yemek kaşığı rendelenmiş parmesan peyniri
- 1 (29 oz.) doğranmış domates konservesi
- 2 (6 oz.) kutu domates salçası
- 12 adet kuru lazanya makarna

TALİMATLAR:

a) Sarımsak, soğan ve sığır etini 3 dakika kadar karıştırın, ardından domates salçası, fesleğen, doğranmış domates, kekik, 1,5 çay kaşığı tuz ve esmer şekerle birleştirin.

b) Şimdi başka bir şey yapmadan önce fırınınızı 375 dereceye ayarlayın.

c) Makarnanızı su ve tuzla 9 dakika haşlamaya başlayın ve ardından tüm sıvıları çıkarın.

ç) Bir kase alın, 1 çay kaşığı tuz, yumurta, maydanoz, ricotta ve parmesanı birleştirin.

d) Makarnanın üçte birini bir güveç kabına koyun ve üzerine peynir karışımının yarısını, sosun üçte birini ve mozzarella peynirinin 1/2'sini ekleyin.

e) Tüm malzemeler bitene kadar bu şekilde katlamaya devam edin.

f) Sonra her şeyin üstüne biraz daha parmesan ekleyin.

g) Lazanyayı fırında 35 dakika kadar pişirin.

98. Soslu Lazanya

Yapım: 4

İÇİNDEKİLER:
- 1 ½ lb. ufalanmış baharatlı İtalyan sosisi
- 5 bardak mağazadan satın alınan spagetti sosu
- 1 su bardağı domates sosu
- 1 çay kaşığı İtalyan baharatı
- ½ fincan kırmızı şarap
- 1 Yemek kaşığı şeker
- 1 Yemek kaşığı sıvı yağ
- 5 adet kıyılmış sarımsak eldiveni
- 1 adet doğranmış soğan
- 1 su bardağı rendelenmiş mozarella peyniri
- 1 su bardağı rendelenmiş provolon peyniri
- 2 su bardağı ricotta peyniri
- 1 su bardağı süzme peynir
- 2 büyük yumurta
- ¼ bardak süt
- 9 lazanya makarna – yarı haşlanmış
- ¼ su bardağı rendelenmiş parmesan peyniri

TALİMATLAR:
a) Fırını 375 Fahrenheit dereceye kadar önceden ısıtın.
b) Bir tavada ufalanmış sosisleri 5 dakika kadar kızartın. Herhangi bir yağ atılmalıdır.
c) Büyük bir tencerede makarna sosunu, domates sosunu, İtalyan baharatını, kırmızı şarabı ve şekeri birleştirin ve iyice karıştırın.
ç) Bir tavada zeytinyağını ısıtın. Daha sonra sarımsak ve soğanı 5 dakika soteleyin.
d) Sosun içine sosis, sarımsak ve soğanı ekleyin.
e) Daha sonra tencerenin kapağını kapatıp 45 dakika pişmeye bırakın.
f) Bir karıştırma kabında mozzarella ve provolon peynirlerini birleştirin.
g) Ayrı bir kapta ricotta, süzme peynir, yumurta ve sütü birleştirin.
ğ) 9 x 13'lük bir fırın tepsisinde, tabağın altına 12 bardak sos dökün.
h) Şimdi lazanyayı, sosu, ricotta'yı ve mozarellayı pişirme kabına üç kat halinde yerleştirin.
ı) En üste parmesan peynirini yayın.
i) Kapalı bir kapta 30 dakika kadar pişirin.
j) Yemeğin kapağını açtıktan sonra 15 dakika daha pişirin.

99.Ratatouille lazanya

Yapar: 8–10
İÇİNDEKİLER:
- Yumurta Hamuru
- Sızma zeytinyağı
- 3 diş sarımsak, doğranmış
- 1 su bardağı (237 ml) kırmızı şarap
- 2 (28 oz. [794-g]) kutu ezilmiş domates
- 1 demet fesleğen
- Kaşer tuzu
- Taze çekilmiş karabiber
- Zeytin yağı
- 1 patlıcan, soyulmuş ve küçük doğranmış
- 1 yeşil kabak, küçük doğranmış
- 1 yaz kabağı, küçük doğranmış
- 2 adet küçük doğranmış domates
- 4 diş sarımsak, dilimlenmiş
- 1 kırmızı soğan, ince dilimlenmiş
- Kaşer tuzu
- Taze çekilmiş karabiber
- 3 su bardağı (390 gr) rendelenmiş mozarella

TALİMATLAR:

a) Fırını önceden 350°F'ye (177°C) ısıtın ve büyük bir tencerede tuzlu suyu kaynatın.

b) İki yapraklı tavayı irmik unu ile tozlayın. Makarnayı yapmak için hamuru, tabaka yaklaşık 1/16 inç (1,6 mm) kalınlığa gelinceye kadar açın.

c) Açılan sayfaları 12 inç (30 cm) parçalar halinde kesin ve yaklaşık 20 sayfa elde edene kadar bunları tepsilere yerleştirin. Gruplar halinde çalışarak, yaprakları kaynayan suya bırakın ve yumuşayıncaya kadar yaklaşık 1 dakika pişirin. Kağıt havluların üzerine koyun ve kurulayın.

ç) Sosu hazırlamak için orta ateşteki bir tencerede sızma zeytinyağını, sarımsağı ekleyin ve yaklaşık bir dakika veya yarı saydam olana kadar soteleyin. Kırmızı şarabı ekleyin ve yarı yarıya azalmasına izin verin. Daha sonra ezilmiş domatesleri, fesleğeni, tuz ve karabiberi ekleyin. Yaklaşık 30 dakika kısık ateşte kaynamaya bırakın.

d) İç harcını hazırlamak için büyük bir sote tavasına yüksek ateşte biraz zeytinyağı, patlıcan, kabak, kabak, domates, sarımsak ve kırmızı soğan ekleyin. tuz ve taze çekilmiş karabiber serpin.

e) Birleştirmek için sosu 22,9 × 33 cm (9 × 13 inç) pişirme kabının tabanına yerleştirin. Makarna tabakalarını hafifçe üst üste gelecek şekilde tabağın altını kaplayacak şekilde yerleştirin. Ratatouille'i makarna tabakalarının üzerine eşit şekilde ekleyin ve üstüne mozzarella serpin. Bir sonraki makarna katmanını ters talimatlara göre ekleyin ve en üste ulaşana veya dolgunun tamamı kullanılıncaya kadar bu katmanları tekrarlayın. Üst tabakaya eşit miktarda sos dökün ve biraz daha mozzarella peyniri serpin.

f) Lazanyayı fırına koyun ve yaklaşık 45 dakika ila 1 saat kadar pişirin. Kesmeden ve servis yapmadan önce yaklaşık 10 dakika soğumasını bekleyin.

100.Biberli Lazanya

Yapım: 12

İÇİNDEKİLER:
- 3/4 lb. kıyma
- 1/4 çay kaşığı öğütülmüş karabiber
- 1/2 lb. salam, doğranmış
- 9 lazanya makarna
- 1/2 lb. biberli sosis, doğranmış
- 4 C. rendelenmiş mozzarella peyniri
- 1 soğan, kıyılmış
- 2 C. süzme peynir
- 2 (14,5 oz.) kutu haşlanmış domates
- 9 dilim beyaz Amerikan peyniri
- 16 oz. domates sosu
- Rendelenmiş parmesan peyniri
- 6 oz. salça
- 1 çay kaşığı sarımsak tozu
- 1 çay kaşığı kurutulmuş kekik
- 1/2 çay kaşığı tuz

TALİMATLAR:

a) Biberinizi, dana etinizi, soğanınızı ve salamınızı 10 dakika kadar kızartın. Yağ fazlalığını giderin. Her şeyi biraz biber, domates sosu ve salça, tuz, haşlanmış domates, kekik ve sarımsak tozu ile 2 saat boyunca yavaş pişiricinize düşük ateşte koyun.

b) Devam etmeden önce fırınınızı 350 dereceye açın.

c) Lazanyanızı tuzlu suda al dente kıvamına gelene kadar 10 dakika kadar haşlayın, ardından suyunu boşaltın.

ç) Pişirme kabınıza hafif bir sos sürün ve ardından katlayın: 1/3 laqsagna, 1 1/4 bardak mozzarella, 2/3 C. süzme peynir, Amerikan peyniri dilimleri, 4 Yemek kaşığı parmesan, 1/3 et. Çanak dolana kadar devam edin.

d) 30 Dakika pişirin.

101.az pişmiş lazanya

Yapım: 8

İÇİNDEKİLER:

- 1 lb. kıyma
- ½ lb. ufalanmış İtalyan baharatlı sosis eti
- 1 doğranmış soğan
- 3 diş kıyılmış sarımsak
- 1 su bardağı dilimlenmiş mantar
- 3 su bardağı domates sosu – ev yapımı iyidir, kavanozlu ise iyidir
- 1 bardak su
- 8 oz. salça
- 1 çay kaşığı İtalyan baharatı
- 12 oz. fırında hazır lazanya makarnası (normal türden değil)
- 1 ¼ su bardağı ricotta peyniri
- ½ su bardağı rendelenmiş parmesan peyniri
- 2 su bardağı rendelenmiş mozarella peyniri
- 1 bardak daha rendelenmiş mozzarella peyniri

TALİMATLAR:

a) Sığır eti, sosis, soğan, sarımsak ve mantarları büyük bir tavada 5 dakika kızartın.
b) Yağ varsa boşaltın.
c) Sosu, suyu, salçayı, İtalyan baharatını ekleyip iyice karıştırın.
ç) 5 dakika kaynatın.
d) Ricotta, parmesan ve 2 bardak mozzarella peynirini bir kasede birleştirin.
e) Et, sos, çift kat lazanya (ikiye bölün) ve peynir karışımından katmanlar (2 ila 3) oluşturun.
f) Üzerine 1 su bardağı rendelenmiş mozzarella peyniri ekleyin.
g) 4 saat kısık ateşte pişirin.

ÇÖZÜM

"Tek Tavada Makarna Sanatında Ustalaşmak" yolculuğumuzu tamamlarken, yalnızca zahmetsiz yemek pişirmenin zevkini keşfetmekle kalmayıp, aynı zamanda kolaylıkla enfes makarna yemekleri yaratma sanatında da ustalaştığınızı umuyoruz. Tek tavada makarna pişirme, maksimum lezzet sunarken minimum temizlik rahatlığı sunar.

Tek tavada makarna tariflerini keşfetmeye, yeni malzemeler denemeye ve zahmetsiz kreasyonlarınızı aileniz ve arkadaşlarınızla paylaşmaya devam etmenizi öneririz. Hazırladığınız her yemek, mutfak becerilerinizin ve pişirme sürecini kolaylaştırma yeteneğinizin bir kanıtıdır.

Bu sorunsuz macerada bize katıldığınız için teşekkür ederiz. Kazandığınız bilgi ve becerilerin mutfak yolculuğunuzu geliştirmeye devam edeceğine ve yemek pişirmeyi keyifli ve verimli bir deneyim haline getireceğine inanıyoruz. Mutlu yemek pişirme, her seferinde bir tava!

www.ingramcontent.com/pod-product-compliance
Lightning Source LLC
Chambersburg PA
CBHW071318110526
44591CB00010B/938